4주 완성
독해력
2 단계

초등 1~2학년 권장

교 재
내 용
문 의
교재 내용 문의는 EBS 초등사이트
(primary.ebs.co.kr)의 교재 Q&A
서비스를 활용하시기 바랍니다.

교 재
정오표
공 지
발행 이후 발견된 정오 사항을 EBS 초등사이트
정오표 코너에서 알려 드립니다.
교재 검색 ▶ 교재 선택 ▶ 정오표

교 재
정 정
신 청
공지된 정오 내용 외에 발견된 정오 사항이
있다면 EBS 초등사이트를 통해 알려 주세요.
교재 검색 ▶ 교재 선택 ▶ 교재 Q&A

4주 완성 독해력

2단계

초등 1~2학년 권장

4주 완성 독해력은

국어과 교육 과정의 읽기 내용 체계를 바탕으로 구성하였습니다.

❀ 국어 외에도 수학, 사회, 과학 등 여러 교과의 주제의 지문이 담겨 있습니다.

❀ 간편한 구성에 해설 강의까지 있어 혼자서도 학습하기 쉽습니다.

❀ 하루 4쪽 4주의 구성으로 규칙적인 학습이 가능하며 좋은 독해 습관을 기를 수 있습니다.

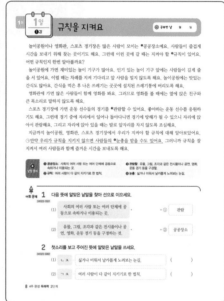

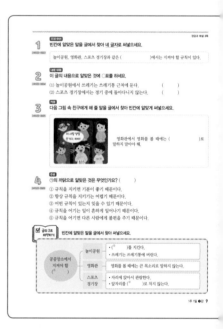

이 주의 학습 내용

한 주 동안 학습할 글들의 제목과 글에 대한 설명을 미리 살펴볼 수 있습니다. 학습 완료일과 맞은 문제 수를 적어 보세요. 완료 후 부모님이나 선생님께 확인을 받을 수 있습니다.

지문 & 어휘 문제

다양한 주제의 지문과 함께 어려운 낱말을 모아 뜻을 제시하였습니다. 더불어 글의 내용을 이해하는데 중요한 어휘에 대해 문제를 풀며 공부할 수 있습니다.

지문 문제 & 글의 구조 파악하기

지문에 대한 주제 확인, 내용 이해, 적용, 추론을 묻는 4개의 문제를 풀 수 있습니다. 지문의 내용을 요약하여 글의 구조를 파악할 수 있습니다.

마무리 학습

재미있는 활동을 통해 한 주 동안 배운 내용을 다시 떠올릴 수 있습니다.

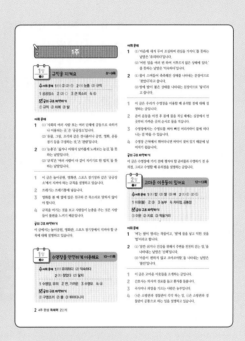

정답과 해설

정답과 해설을 분리하여 편리하게 정답을 확인할 수 있습니다.

인공지능 DANCHOO 푸리봇 문|제|검|색

EBS 초등사이트와 EBS 초등 APP 하단의 AI 학습도우미 푸리봇을 통해 문항코드를 검색하면 푸리봇이 해당 문제의 해설 강의를 찾아 줍니다.

차례

3주

4주

학습 방법

① 일별 **학습 내용**을 천천히 읽은 뒤,
예상 **학습 완료일**을 적어 보세요.

② 제목과 함께 지문의 내용을 읽으며
중요하다고 생각한 내용에 밑줄을
그어 보세요.

③ 모르는 낱말에 체크를 한 뒤 지문 아래 **낱말 풀이**
에서 그 뜻을 찾아보세요. 만약 **낱말 풀이**에서 찾
을 수 없다면 국어사전을 이용해 보세요.

④ **어휘 문제**를 풀며 어휘가 어떻게
사용될 수 있는지 확인해 보세요.

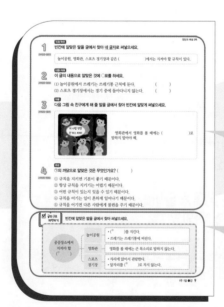

⑤ 주제 확인, 내용 이해, 적용, 추론으로 구성된
문제를 풀어 보며 지문의 내용을 깊이 이해해 보세요.

⑥ 지문의 내용이 충분히 이해가 되었다면,
글의 구조 파악하기를 통해 내용을
정리하며 빈칸을 채워 보세요.

1주

규칙을 지켜요

놀이공원이나 영화관, 스포츠 경기장은 많은 사람이 모이는 ❶공공장소예요. 사람들이 즐겁게 시간을 보내기 위해 찾는 곳이기도 해요. 그런데 이런 곳에 갈 때는 지켜야 할 ❷규칙이 있어요. 어떤 규칙인지 한번 알아볼까요?

놀이공원에 가면 재미있는 놀이 기구가 많아요. 인기 있는 놀이 기구 앞에는 사람들이 길게 줄을 서 있어요. 이럴 때는 차례를 지켜 기다리고 앞 사람을 밀지 않도록 해요. 놀이공원에는 맛있는 간식도 많아요. 간식을 먹은 후 나온 쓰레기는 곳곳에 설치된 쓰레기통에 버리도록 해요.

영화관에 가면 많은 사람들이 함께 영화를 봐요. 그러므로 영화를 볼 때에는 옆에 앉은 친구와 큰 목소리로 말하지 않도록 해요.

스포츠 경기장에 가면 운동 선수들의 경기를 ❸관람할 수 있어요. 좋아하는 운동 선수를 응원하기도 해요. 그런데 경기 중에 자리에서 일어나 돌아다니면 경기에 방해가 될 수 있으니 자리에 앉아서 관람해요. 그리고 자리에 앉아 있을 때는 발로 앞자리를 차지 않도록 조심해요.

지금까지 놀이공원, 영화관, 스포츠 경기장에서 우리가 지켜야 할 규칙에 대해 알아보았어요. ㉠만약 우리가 규칙을 지키지 않으면 사람들의 ❹눈총을 받을 수도 있어요. 그러니까 규칙을 잘 지켜서 여러 사람들과 함께 즐거운 시간을 보내도록 해요.

낱말 풀이

❶ **공공장소**: 사회의 여러 사람 또는 여러 단체에 공동으로 속하거나 이용되는 곳.
❷ **규칙**: 여러 사람이 다 같이 지키기로 한 법칙.
❸ **관람할**: 유물, 그림, 조각과 같은 전시품이나 공연, 영화, 운동 경기 등을 구경할.
❹ **눈총**: 싫거나 미워서 날카롭게 노려보는 눈길.

어휘 문제

1 다음 뜻에 알맞은 낱말을 찾아 선으로 이으세요.

241020-0001

(1) 사회의 여러 사람 또는 여러 단체에 공동으로 속하거나 이용되는 곳. •

•① 관람

(2) 유물, 그림, 조각과 같은 전시품이나 공연, 영화, 운동 경기 등을 구경하는 것. •

•② 공공장소

2 첫소리를 보고 주어진 뜻에 알맞은 낱말을 쓰세요.

241020-0002

(1) ㄴ ㅊ ― 싫거나 미워서 날카롭게 노려보는 눈길.   (   )

(2) ㄱ ㅊ ― 여러 사람이 다 같이 지키기로 한 법칙.   (   )

1

주제 확인

빈칸에 알맞은 말을 글에서 찾아 <u>네 글자</u>로 써넣으세요.

놀이공원, 영화관, 스포츠 경기장과 같은 (   )에서는 지켜야 할 규칙이 있다.

2 241020-0004

내용 이해

이 글의 내용으로 알맞은 것에 ○표를 하세요.

(1) 놀이공원에서 쓰레기는 쓰레기통 근처에 둔다.　　　(　　　)
(2) 스포츠 경기장에서는 경기 중에 돌아다니지 않는다.　　(　　　)

3 241020-0005

적용

다음 그림 속 친구에게 해 줄 말을 글에서 찾아 빈칸에 알맞게 써넣으세요.

저 사람 정말 웃기다. 하하!

영화관에서 영화를 볼 때에는 (   )로 말하지 말아야 해.

4 241020-0006

추론

㉠의 까닭으로 알맞은 것은 무엇인가요? (　　　)

① 규칙을 지키면 기분이 좋기 때문이다.
② 항상 규칙을 지키기는 어렵기 때문이다.
③ 어떤 규칙이 있는지 잊을 수 있기 때문이다.
④ 규칙을 어기는 일이 흔하게 일어나기 때문이다.
⑤ 규칙을 어기면 다른 사람에게 불편을 주기 때문이다.

 글의 구조 파악하기　　빈칸에 알맞은 말을 글에서 찾아 써넣으세요.

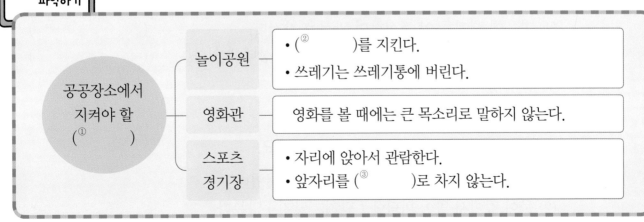

공공장소에서 지켜야 할 (①　　　)

놀이공원 — • (②　　　)를 지킨다.
　　　　　• 쓰레기는 쓰레기통에 버린다.

영화관 — 영화를 볼 때에는 큰 목소리로 말하지 않는다.

스포츠 경기장 — • 자리에 앉아서 관람한다.
　　　　　　• 앞자리를 (③　　　)로 차지 않는다.

수영장을 안전하게 이용해요

🌸 공부한 날   월   일

안녕하세요? 저는 ❶수상 안전 요원 김다인이에요. 여러분, 수영장에 가 보았나요? 수영장에서 하는 물놀이는 언제나 즐거워요. 그렇지만 몇 가지 규칙을 지키지 않으면 다칠 수도 있고, 다른 사람에게 피해를 줄 수도 있어요. 그래서 오늘은 수영장을 이용할 때 ❷유의할 점에 대해 알려 드리려고 해요.

수영장에 가기 전에는 준비물을 잘 챙겨요. 수영복은 물론이고, 수영모와 구명조끼도 챙겨요. 수영모는 머리카락이 빠져서 물에 둥둥 떠다니는 것을 막아 줘요. 구명조끼는 물놀이하는 어린이들이 물에 빠지지 않게 해 주어요.

수영장에 가면 먼저 충분한 준비 운동을 해요. 준비 운동을 하지 않으면, 수영 중에 몸의 근육이 갑자기 움직이지 않아 물에 빠질 수 있어요. 준비 운동을 마치면 물에 바로 들어가지 않고, 몸에 물을 적셔요. 이때 심장에서 먼 곳부터 가까운 곳의 순서로 물을 적셔요. 이렇게 하지 않고 갑자기 물에 들어가면 심장이 놀랄 수 있기 때문에 위험해요.

이제 수영을 할 차례예요. 신나게 노는 것보다 중요한 것은 안전하게 노는 거예요. 수영에 ❸익숙하지 않은 어린이들은 발이 바닥에 닿지 않는 곳에는 들어가지 않도록 해요. 또 ㉠수영장 근처에서 뛰어다니면 넘어져서 다치기 쉬워요.

낱말 풀이

❶ 수상: 물의 위.
❷ 유의할: 마음에 새겨 두어 조심하며 관심을 가질.

❸ 익숙하지: 어떤 일을 여러 번 하여 서투르지 않은 상태에 있지.

🌲 어휘 문제

1 다음 뜻에 알맞은 낱말을 **보기**에서 골라 쓰세요.

241020-0007

보기 유의하다, 익숙하다

(1) 마음에 새겨 두어 조심하며 관심을 가지다.　　　　　(　　　　　)
(2) 어떤 일을 여러 번 하여 서투르지 않은 상태에 있다.　　　(　　　　　)

2 다음 문장에 알맞은 낱말을 골라 ○표를 하세요.

241020-0008

(1) 물을 엎질러서 신문이 물에 (젇었다 , 젖었다).
(2) 물이 깊어서 발이 바닥에 (닫지 , 닿지) 않는다.

1 주제 확인

241020-0009

빈칸에 알맞은 말을 글에서 찾아 각각 써넣으세요.

> 이 글은 (   )을 이용할 때 (   )할 점에 대해 설명하는 글이다.

2 내용 이해

241020-0010

다음 문장에 알맞은 낱말을 골라 ○표를 하세요.

> 수영장에서 몸에 물을 적실 때에는 심장에서 (가까운 , 먼) 곳부터 (가까운 , 먼) 곳의 순서로 물을 적신다.

3 적용

241020-0011

다음 그림을 보고, 초록색 수영복을 입은 친구에게 해 줄 말을 빈칸에 알맞게 써넣으세요.

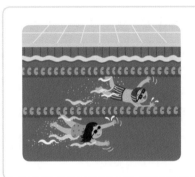

> 수영장에서는 (   )를 잘 쓰고 수영해야 해.

4 추론

241020-0012

㉠의 까닭으로 알맞은 것은 무엇인가요? (   )

① 옷을 입지 않아서
② 준비 운동을 해야 해서
③ 신나게 노는 것이 중요해서
④ 바닥이 수영장의 물로 젖어 있어서
⑤ 근육이 갑자기 움직이지 않을 수 있어서

 글의 구조 파악하기

빈칸에 알맞은 말을 글에서 찾아 써넣으세요.

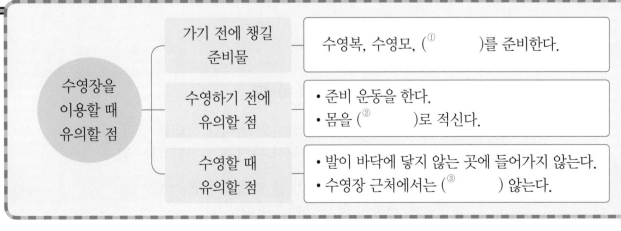

수영장을 이용할 때 유의할 점	가기 전에 챙길 준비물	수영복, 수영모, (①)를 준비한다.
	수영하기 전에 유의할 점	• 준비 운동을 한다. • 몸을 (②)로 적신다.
	수영할 때 유의할 점	• 발이 바닥에 닿지 않는 곳에 들어가지 않는다. • 수영장 근처에서는 (③) 않는다.

고마운 이웃들이 있어요

우리 주변에는 고마운 이웃이 많아요. 고마운 이웃 중에는 우리가 깨끗하고 ❶안전하게 그리고 건강하게 살아갈 수 있도록 만들어 주시는 분들이 있어요.

환경 미화원은 마을을 깨끗하게 만들어 주어요. 길거리가 지저분하면 깨끗하게 청소해 주고, 마을 사람들이 내놓은 음식 쓰레기나 일반 쓰레기를 치워 주기도 해요. 소방관과 경찰관은 마을을 안전하게 만들어 주어요. ㉠소방관은 ❷화재가 났을 때 바로 달려와서 불을 꺼 주어요. 경찰관은 나쁜 행동을 한 사람을 붙잡는 일을 하지요. ㉡소방관과 경찰관은 곤란한 처지에 빠진 사람을 도와준다는 점이 닮았어요. 의사와 간호사는 아픈 사람을 치료해 주어요. 의사는 아픈 사람을 ❸진찰하는 일을 해요. 간호사는 의사의 진료를 돕고 아픈 사람을 돌봐주어요. 농부와 어부는 사람들의 먹을거리를 ❹마련해 주어요. 농부는 벼, 보리 같은 곡식이나 사과, 포도 같은 과일을 수확해요. 어부는 물고기나 조개 등을 잡거나 길러요. 농부와 어부가 없으면 쌀로 밥을 지어 먹거나 맛있는 음식을 먹기 어려울 거예요.

환경 미화원, 소방관과 경찰관, 의사와 간호사, 농부와 어부는 모두 하는 일이 달라요. 하지만 이런 이웃이 자신의 일을 열심히 해 주기 때문에 우리가 편안하고 행복하게 살 수 있어요.

낱말 풀이

❶ **안전하게**: 위험이 생기거나 사고가 날 걱정이 없게.
❷ **화재**: 집이나 물건이 불에 타는 재앙이나 재난.
❸ **진찰하는**: 의사가 치료를 위하여 환자의 상태를 살피는.
❹ **마련해**: 헤아려서 준비해.

어휘 문제

1 다음 그림에 알맞은 낱말을 보기에서 골라 쓰세요.

241020-0013

보기 벼, 쌀, 밥

(1)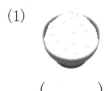
(   )

(2)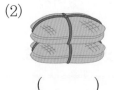
(   )

(3)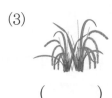
(   )

2 다음 낱말의 뜻으로 알맞은 것에 ○표를 하세요.

241020-0014

(1) 진찰
① 의사가 치료를 위하여 환자의 병이나 상태를 살핌.   (   )
② 잠깐 쉬거나 건강을 위해서 주변을 천천히 걷는 일.   (   )

(2) 안전
① 위험이 생기거나 사고가 날 걱정이 없음.   (   )
② 마음이 편하지 않고 조마조마함.   (   )

주제 확인

1 빈칸에 알맞은 말을 글에서 찾아 써넣으세요.

241020-0015

> 이 글은 우리가 편안하고 행복하게 살 수 있도록 해 주는 (   )이 하는 일에 대해 설명하는 글이다.

내용 이해

2 이 글을 통해 알 수 있는 내용이 <u>아닌</u> 것은 무엇인가요? (   )

241020-0016

① 환경 미화원은 길거리를 청소해 준다.
② 의사는 아픈 사람의 병을 낫게 해 준다.
③ 간호사는 마을을 깨끗하게 만들어 준다.
④ 농부는 벼나 보리 같은 곡식을 길러 낸다.
⑤ 어부는 물고기를 잡기도 하고 길러 내기도 한다.

적용

3 그림 속 친구가 바라는 직업은 무엇인지 글에서 찾아 쓰세요.

241020-0017

저는 사람들을 돕는 일을 하고 싶어요. 사람들의 건강을 위해 싱싱한 과일을 수확할 거예요.

(   )

추론

4 ㉠, ㉡에 대한 설명으로 알맞은 것에 ○표를 하세요.

241020-0018

> ㉠은 경찰관과 소방관의 (공통점 , 차이점)에 대하여, ㉡은 경찰관과 소방관의 (공통점 , 차이점)에 대하여 설명하고 있다.

 글의 구조 파악하기 빈칸에 알맞은 말을 글에서 찾아 써넣으세요.

환경 미화원은 마을을 깨끗하게 만들어 준다.	우리 주변의 고마운 (①)	소방관과 경찰관은 마을을 안전하게 만들어 준다.
의사와 간호사는 아픈 사람을 (②)해 준다.		농부와 어부는 사람들의 (③)를 마련해 준다.

쓰레기는 분리배출해요

쓰레기 분리배출은 쓰레기를 종류별로 나누어 버리는 것을 말해요. 이렇게 하면 쓰레기의 양을 줄여 환경을 ❶보호할 수 있어요. 그리고 ㉠쓰레기 분리배출은 우리가 이웃을 위해 할 수 있는 가장 쉬운 일이에요. 왜냐하면 쓰레기를 올바른 방법으로 버리기만 하면 되기 때문이에요.

우리가 분리배출해야 하는 쓰레기의 종류에 대해 알아보아요. 우리 모두가 사용하고 있는 공책은 종이예요. 혹시 공책의 겉면이 매끈매끈하게 ❷코팅이 되어 있나요? 그렇다면 겉면은 쓰레기통에 넣고, 속에 있는 종이만 따로 모아 분리배출해요. 우유나 음료수를 담은 종이 팩은 특별한 종이로 만들어졌기 때문에 다른 종이류와 섞이지 않도록 종이 팩끼리 따로 모아 버려요.

우리가 사 먹는 음료수 중 유리병이나 페트병에 담긴 것들이 있어요. 유리병은 내용물을 비우고 유리병끼리 모아 버려요. 유리병을 감싸고 있는 포장이나 뚜껑은 유리가 아니므로 따로 버려요. 색깔별로 유리병 배출 장소가 나뉘어져 있으면 색깔에 맞춰 분리배출해요. 페트병도 내용물을 비우고 페트병끼리 분리배출해요. 페트병은 색이 있는 것과 색이 없는 것을 따로 나누어 납작하게 눌러서 배출하도록 해요.

그런데 분리배출이 되지 않는 쓰레기도 있어요. 예를 들면, 짜 먹을 수 있게 만든 튜브 형태의 아이스크림 ❸용기가 있어요. 이런 것들은 플라스틱으로 ❹혼동하기 쉬운데 재활용이 되지 않으니 쓰레기통에 버리면 돼요.

낱말 풀이

❶ 보호할: 위험하거나 곤란하지 않게 잘 지키고 보살핌.
❷ 코팅: 물체의 겉면을 얇은 막으로 입히는 일.
❸ 용기: 물건을 담는 그릇.
❹ 혼동하기: 서로 다른 것을 구별하지 못하고 뒤섞어서 생각하기.

어휘 문제

1 다음 뜻에 알맞은 낱말을 찾아 선으로 이으세요.

241020-0019

(1) 물건을 담는 그릇.   • ① 분리

(2) 서로 나뉘어 떨어짐. 또는 그렇게 되게 함. • • ② 용기

2 다음 문장의 빈칸에 알맞은 말을 **보기**에서 골라 써넣으세요.

241020-0020

보기 혼동, 보호

(1) 주변의 동물과 식물을 함께 (   )해야 한다.
(2) 낱말의 받침을 (   )해서 '빛'을 '빗'으로 잘못 썼다.

1 주제 확인
241020-0021

빈칸에 알맞은 말을 글에서 찾아 써넣으세요.

이 글은 쓰레기를 (   )하는 방법에 대해 설명하는 글이다.

2 내용 이해
241020-0022

유리병과 페트병을 분리배출하는 방법의 공통점에 ○표를 하세요.

(1) 내용물을 비우고 분리배출한다.　　　　　　　　(　　　)

(2) 납작하게 눌러서 분리배출한다.　　　　　　　　(　　　)

3 적용
241020-0023

다음 그림에서 잘못된 점은 무엇인지 빈칸에 알맞은 말을 써넣으세요.

(   )와/과 (   )을/를 따로 버리지 않았다.

4 추론
241020-0024

㉠의 까닭으로 가장 알맞은 것은 무엇인가요? (　　　)

① 쓰레기의 양이 늘어나기 때문에

② 쓰레기의 종류가 다양하기 때문에

③ 이웃들이 분리배출을 잘하기 때문에

④ 누구나 실천할 수 있는 일이기 때문에

⑤ 이웃에게 환경의 소중함을 알리는 방법이기 때문에

☑ 글의 구조 파악하기

빈칸에 알맞은 말을 글에서 찾아 써넣으세요.

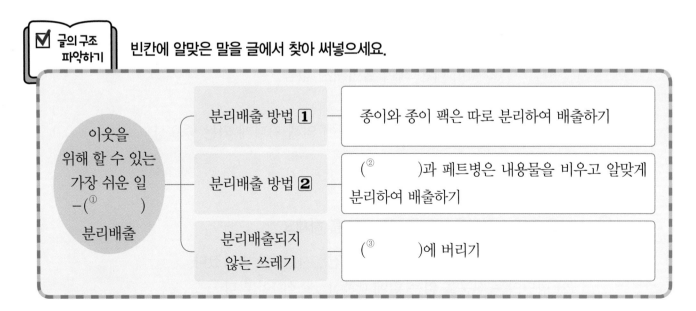

신문을 만들어요

⚙ 공부한 날   월   일

　신문은 세상에서 일어나는 새로운 일을 사람들에게 전해 줘요. 신문에는 새로운 발명품이 만들어졌다는 소식이나 새로운 책의 ❶출판 소식이 실리기도 해요. 우리나라 축구 팀이 다른 나라 축구 팀과 경기를 했다는 소식도 신문을 통해 알 수 있어요. 이렇게 신문에는 우리나라 안팎에서 일어나는 많은 소식이 실려요.

　신문에 실리는 글을 기사라고 하고, 기사를 쓰는 사람을 기자라고 불러요. 기자는 사람들에게 알려야 할 중요한 소식을 찾아다녀요. 그래서 큰 ❷사건이 벌어진 곳이면 항상 기자들이 달려와요. 그리고 그 소식을 빠르고 정확하게 정리해서 기사를 써요.

　기자는 세상에서 일어나는 모든 소식 중 신문에 담을 내용을 골라서 기사를 써요. 첫째, 많은 사람이 관심을 가질 만한 것을 기사로 써요. 둘째, 많은 사람에게 알릴 만한 ❸가치가 있는 것을 기사로 써요. 셋째, 일어난 지 너무 오래되지 않은 것을 기사로 써요.

　기자는 사실을 정확하게 확인해서 기사를 써요. △△ 초등학교에서 다음 주에 운동회를 하기로 했고, 학생들도 모두 그렇게 알고 있어요. 그런데 신문에 "△△ 초등학교에서 다음 달에 운동회를 한다."라고 기사가 나온다면 어떤 일이 생길까요? 이 신문을 읽은 △△ 초등학교 학생들은 몹시 ❹혼란스러울 거예요. 그래서 기자가 기사를 쓸 때는 사실을 정확하게 확인한 후에 써야 해요.

낱말 풀이

❶ **출판**: 글, 그림, 악보 등을 책으로 만들어 세상에 내놓음.
❷ **사건**: 사회적으로 문제를 일으키거나 주목을 받을 만한 뜻밖의 일.

❸ **가치**: 대상이 인간과의 관계에 의해 지니게 되는 중요성.
❹ **혼란스러울**: 보기에 뒤죽박죽이 되어 어지럽고 질서가 없을.

어휘 문제 **1**　다음 낱말의 뜻으로 알맞은 것에 ○표를 하세요.
241020-0025

　(1) 출판
　① 글, 그림, 악보 등을 책으로 만들어 세상에 내놓음.　(　　)
　② 이미 나온 책이 떨어져서 없음.　(　　)

　(2) 가치
　① 마음속에 가지고 있는 기분.　(　　)
　② 대상이 인간과의 관계에 의해 지니게 되는 중요성.　(　　)

2　다음 문장에 알맞은 낱말을 골라 ○표를 하세요.
241020-0026

　(1) 조용한 시골 마을에 커다란 (사건 , 사실)이 벌어졌다.
　(2) 형민이는 신문을 읽는 일에 (관심 , 소식)이 많다.

1

241020-0027

신문이 주로 하는 역할로 알맞은 것은 무엇인가요? (   )

① 어린이를 위해 지은 이야기를 전해 준다.

② 세상에서 일어나는 새로운 일을 전해 준다.

③ 오래 전에 살았던 사람의 이야기를 전해 준다.

④ 옛날에 일어난 일 중 배울 만한 일을 전해 준다.

⑤ 감동을 주기 위해 만들어 낸 이야기를 전해 준다.

2

241020-0028

내용 이해

중요한 사건을 빠르고 정확하게 정리해서 기사를 쓰는 사람을 부르는 말을 글에서 찾아 쓰세요.

(   )

3

241020-0029

적용

학급 신문을 만들기 위해 친구들이 기사를 써 왔어요. 신문에 담기에 알맞지 <u>않은</u> 것을 찾아 ╳표를 하세요.

(1) 재미를 위해 꾸며 낸 이야기를 실제처럼 소개하는 글   (   )

(2) 많은 친구가 관심을 가진 체육 대회에 대해 알리는 글   (   )

(3) 일어난 지 얼마 되지 않은 학교 전시회를 소개하는 글   (   )

4

241020-0030

추론

기자가 사실을 정확하게 확인해서 기사를 써야 하는 까닭으로 알맞은 것에 ○표를 하세요.

(1) 새로운 소식을 사람들에게 빨리 전해야 하기 때문이다.   (   )

(2) 잘못된 소식이 신문을 통해 널리 퍼질 수 있기 때문이다.   (   )

☑ 글의 구조 파악하기   빈칸에 알맞은 말을 글에서 찾아 써넣으세요.

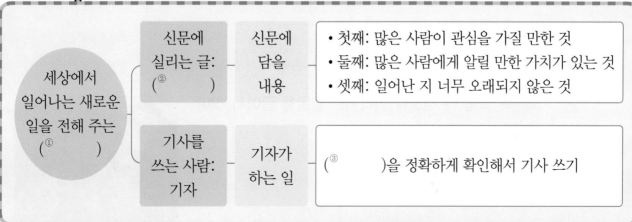

신문을 읽어요

신문을 읽으면 세상에서 일어나는 일들을 빨리 접할 수 있어요. 그래서 모든 사람이 신문을 읽는다고 해도 ❶과언이 아니에요. 예전에는 종이로 된 신문을 사서 읽는 사람이 많았어요. ㉠지금도 종이 신문을 사서 볼 수 있지만, 요즘에는 인터넷을 통해 신문을 읽는 사람이 많아졌어요. 인터넷이 연결된 곳이면 언제 어디서든 신문을 읽을 수 있어요. 신문을 읽을 때는 원하는 주제의 신문을 골라요. 신문 중에는 여러 주제를 ❷고루 담은 신문도 있지만, 과학이나 음악, 미술 등 한 가지 주제를 담은 신문도 있어요. 한 가족에게 일어난 일을 담은 가족 신문, 학교에서 일어난 소식을 담은 학교 신문도 있어요. 어린이가 ❸호기심을 가질 만한 소식을 주로 담은 어린이 신문도 있어요.

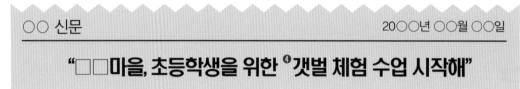

○○ 신문	20○○년 ○○월 ○○일

"□□마을, 초등학생을 위한 ❹갯벌 체험 수업 시작해"

기사를 읽을 때는 먼저 제목을 봐요. 위에 있는 제목을 읽으면 □□마을에서 갯벌 체험 수업이 시작되었다는 사실을 알 수 있어요. 이렇게 제목에는 기사에서 가장 중요한 내용이 담겨 있어요. 제목을 읽은 후에는 기사의 내용을 읽어요. 기사는 육하원칙이라고 하는 여섯 가지 기본 원칙에 따라 쓰여요. 육하원칙이란 '누가', '언제', '어디서', '무엇을', '어떻게', '왜'를 가리키는 말이에요. 육하원칙을 생각하며 기사를 읽으면 기사의 내용을 잘 이해할 수 있어요.

낱말 풀이

❶ 과언: 정도가 지나친 말 또는 과장된 말.
❷ 고루: 빼놓지 않고 이것저것 모두.

❸ 호기심: 새롭고 신기한 것을 좋아하거나 모르는 것을 알고 싶어 하는 마음.
❹ 갯벌: 바닷물이 빠졌을 때에 드러나는 넓은 진흙 벌판.

어휘 문제 **1** 첫소리를 보고 주어진 뜻에 알맞은 낱말을 쓰세요.

241020-0031

(1) ㄱ ㄹ — 빼놓지 않고 이것저것 모두.   (   )

(2) ㄱ ㅇ — 정도가 지나친 말 또는 과장된 말.   (   )

2 오른쪽 그림 속 장소를 가리키는 낱말을 글에서 찾아

241020-0032 쓰세요.

(   )

1

241020-0033

빈칸에 알맞은 말을 글에서 찾아 써넣으세요.

> 신문을 읽을 때는 원하는 주제의 신문을 골라 기사의 제목을 본 후, 여섯 가지 기본 원칙인
> ( )을 생각하며 읽는다.

2

241020-0034

내용 이해

이 글의 내용으로 알맞지 <u>않은</u> 것은 무엇인가요? ( )

① 모든 신문은 다양한 주제를 고루 담고 있다.

② 최근에는 인터넷을 통해 신문을 읽는 사람이 많다.

③ 예전에는 종이로 된 신문을 사서 읽는 사람이 많았다.

④ 어린이가 궁금해할 만한 소식을 담은 어린이 신문도 있다.

⑤ 신문을 읽으면 세상에서 일어나는 일을 빨리 접할 수 있다.

3

241020-0035

적용

㉠을 읽고 떠올린 생각으로 알맞은 것에 ○표를 하세요.

(1) 종이 신문을 더 이상 볼 수 없게 되어서 아쉽군. ( )

(2) 인터넷이 연결된 곳이면 어디서든 신문을 읽을 수 있겠군. ( )

4

241020-0036

추론

다음 기사에서 '왜'에 해당하는 부분에 밑줄을 그어 보세요.

> □□마을 주민들은 지난 6월 1일 토요일 10시, □□마을 앞 갯벌에서 초등학
> 생을 위한 갯벌 체험 수업을 열었다. 이 수업은 갯벌의 소중함을 알리기 위해
> 마련되었다.

✓ 글의 구조
파악하기

빈칸에 알맞은 말을 글에서 찾아 써넣으세요.

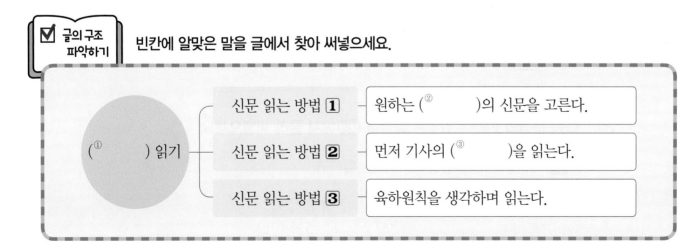

(①) 읽기

신문 읽는 방법 **1** ─ 원하는 (②)의 신문을 고른다.

신문 읽는 방법 **2** ─ 먼저 기사의 (③)을 읽는다.

신문 읽는 방법 **3** ─ 육하원칙을 생각하며 읽는다.

봄에 피는 분홍색 꽃, 진달래와 철쭉

🌸 공부한 날   월   일

봄에 피는 꽃을 봄꽃이라고 해요. ❶올망졸망 피어나는 봄꽃들은 색깔도 다양해요. 벚꽃은 흰색 꽃을 피우고, 개나리는 노란색 꽃을 피워요. 그리고 영산홍은 빨간색 꽃을 피워요. 분홍색 꽃을 피우는 식물도 있어요. 그 주인공은 바로 오늘 함께 알아볼 진달래와 철쭉이에요.

진달래와 철쭉이 피우는 꽃은 서로 닮았어요. 우선 봄에 피는 꽃이라는 점이 닮았고, 분홍색 꽃을 피운다는 점이 닮았어요. ㉠그래서 두 꽃을 잘 구분하지 못하는 사람도 많아요. 그런데 이런 공통점을 가진 두 꽃은 서로 반대되는 별명을 가졌어요. 진달래꽃의 별명은 참꽃이에요. 참꽃은 먹을 수 있는 꽃이라는 뜻이에요. 우리나라 사람들은 옛날부터 음식 위에 진달래꽃을 올려 음식을 아름답게 장식하기도 했어요. 철쭉꽃의 별명은 개꽃이에요. 개꽃은 먹을 수 없는 꽃이라는 뜻이에요. 철쭉꽃에는 독이 들어 있어서 먹으면 배가 아파요.

진달래와 철쭉은 꽃이 피는 ❷시기로 구분할 수 있어요. 진달래는 3월부터 4월 ❸중순까지 꽃을 피워요. 그리고 꽃이 지고 나면 그제야 ❹잎사귀가 나오는 식물이에요. 철쭉은 4월 중순부터 6월까지 꽃을 피워요. 그리고 꽃과 잎이 함께 나오는 식물이에요. 그래서 철쭉꽃이 피었을 때는 이미 진달래꽃이 모두 지고 없어요.

낱말 풀이

❶ **올망졸망**: 작은 것들이 여기저기 흩어져서 가득 모여 있는 모양.
❷ **시기**: 어떤 일이나 현상이 진행되는 때.
❸ **중순**: 한 달 가운데 11일부터 20일까지의 기간.
❹ **잎사귀**: 나무나 풀에 달린 하나하나의 잎.

🔺
어휘 문제

1 빈칸에 알맞은 숫자를 각각 써넣으세요.
241020-0037

중순은 '한 달 가운데 (   )일부터 (   )일까지의 기간.'을 가리킨다.

2 다음 문장의 빈칸에 알맞은 낱말을 **보기**에서 골라 써넣으세요.
241020-0038

보기 올망졸망, 똘망똘망, 주인공, 잎사귀

(1) 작은 열매들이 (   ) 달려 있다.
(2) 식물의 (   )에 이슬이 맺혀 있다.

1 주제 확인

빈칸에 알맞은 말을 글에서 찾아 써넣으세요.

241020-0039

> 이 글은 진달래와 철쭉의 (   )과 차이점을 설명하고 있다.

2 내용 이해

서로 관련 있는 것끼리 이으세요.

241020-0040

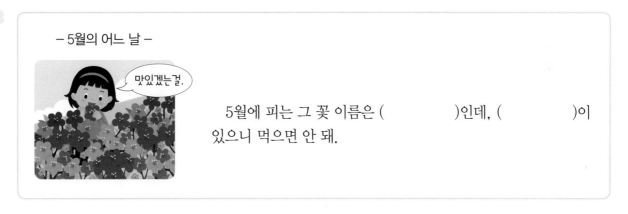

(1) 진달래꽃 ·   · ① 개꽃 ·   · ㉮ 먹을 수 없는 꽃

(2) 철쭉꽃 ·   · ② 참꽃 ·   · ㉯ 먹을 수 있는 꽃

3 적용

그림 속 친구에게 해 줄 말을 빈칸에 알맞게 써넣으세요.

241020-0041

> – 5월의 어느 날 –
>
> 맛있겠는걸.
>
> 5월에 피는 그 꽃 이름은 (   )인데, (   )이 있으니 먹으면 안 돼.

4 추론

㉠의 까닭으로 알맞은 것은 무엇인가요? (   )

241020-0042

① 색이 비슷해서
② 향이 서로 닮아서
③ 좋아하는 사람이 많아서
④ 여름에 피어나는 꽃이어서
⑤ 잎과 함께 꽃이 피는 점이 같아서

✔ 글의 구조 파악하기

빈칸에 알맞은 말을 글에서 찾아 써넣으세요.

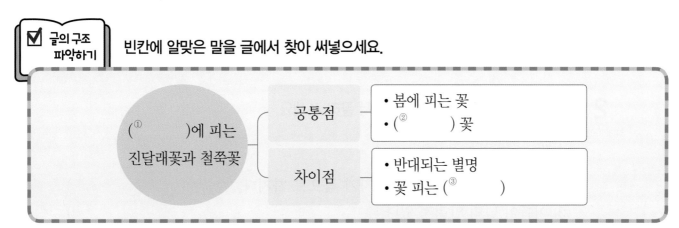

(①   )에 피는 진달래꽃과 철쭉꽃

공통점 — • 봄에 피는 꽃
         • (②   ) 꽃

차이점 — • 반대되는 별명
         • 꽃 피는 (③   )

힘센 곤충,
사슴벌레와 장수풍뎅이

🌸 공부한 날   월   일

여러분, 곤충을 좋아하시나요? 우리 주변에는 많은 종류의 곤충들이 살고 있어요. 전 세계에 있는 곤충은 약 80만 ❶종에 달한다고 해요. 그리고 모든 동물 가운데 4마리 중 3마리는 곤충일 정도로 그 수가 매우 많아요. 오늘은 그중 힘이 세기로 ❷유명한 두 종의 곤충에 대해 알아보려고 해요. 그 주인공은 바로 사슴벌레와 장수풍뎅이예요.

사슴벌레의 이름은 사슴뿔처럼 생긴 '큰턱' 덕분에 붙여졌어요. 암컷과 수컷에게 모두 큰턱이 있는데, 수컷의 큰턱이 암컷의 큰턱보다 크기가 더 커요. 큰턱은 수컷끼리 싸울 때나 먹이를 ❸차지하려 할 때 써요. 그리고 수컷이 암컷에게 자신의 힘이 강하다는 것을 ❹과시할 때도 필요해요. 그래야 암컷의 짝이 될 수 있기 때문이에요. 암컷은 큰턱의 크기가 수컷보다 작지만, 배에 잔털이 나 있다는 점이 달라요.

장수풍뎅이는 큰 뿔을 가진 곤충이에요. 장수풍뎅이의 뿔은 암컷에게는 없고 수컷에게만 있어요. 수컷의 머리와 앞가슴에는 뿔이 나 있어요. 이 뿔은 먹이를 차지하려 할 때, 암컷과 짝이 되려 할 때 필요해요. 수컷들끼리 뿔을 맞대고 싸워서 강한 힘을 가진 수컷이 암컷과 짝이 될 수 있어요. 암컷은 뿔은 없지만 등판 전체에 털이 나 있다는 점이 수컷과 달라요.

낱말 풀이

❶ **종**: 어떤 기준에 따라 여러 가지로 나눈 갈래.
❷ **유명한**: 이름이 널리 알려져 있는.
❸ **차지하려**: 사물이나 공간, 지위 등을 자기 몫으로 가지려.
❹ **과시할**: 자랑하여 보일.

 어휘 문제

1 다음 문장에 알맞은 낱말을 골라 ○표를 하세요.
241020-0043

(1) 지구상에 살았던 공룡은 여러 가지 (종 , 중)이 있었다.

(2) 그는 악기를 연주하며 자신의 실력을 (과시 , 전시)하고 있었다.

---

2 다음 뜻에 알맞은 낱말을 **보기**에서 골라 쓰세요.
241020-0044

보기 유명하다, 차지하다

(1) 사물이나 공간, 지위 등을 자기 몫으로 가지다.   (   )

(2) 이름이 널리 알려져 있다.   (   )

주제 확인

1 빈칸에 알맞은 말을 글에서 찾아 각각 써넣으세요.

241020-0045

이 글은 ( )와 ( )의 특징에 대해 설명하고 있다.

내용 이해

2 이 글을 통해 알 수 있는 내용은 무엇인지 <u>두 가지</u>를 골라 기호를 쓰세요.

241020-0046

㉠ 사슴벌레의 성장 과정　　　　　　㉡ 장수풍뎅이의 수명
㉢ 수컷 장수풍뎅이의 뿔이 난 위치　　㉣ 암컷 사슴벌레의 잔털이 난 위치

(　　, 　　)

적용

3 다음 그림 속 친구에게 해 줄 말로 알맞은 것에 ○표를 하세요.

241020-0047

(왼쪽 , 오른쪽)에 있는 것이 암컷이야. 암컷은 뿔이 (있거든 , 없거든).

추론

4 사슴벌레의 '큰턱', 장수풍뎅이의 '큰 뿔'의 공통점으로 알맞은 것을 <u>모두</u> 골라 ○표를 하세요.

241020-0048

(1) 먹이를 차지할 때 사용한다. (　　)
(2) 수컷끼리 싸울 때 사용한다. (　　)
(3) 먹이를 잘게 부술 때 사용한다. (　　)

 글의 구조 파악하기　빈칸에 알맞은 말을 글에서 찾아 써넣으세요.

(① 　　)이 세기로 유명한 곤충

사슴벌레
• 암컷과 수컷 모두 (② 　　)이 있음.
• 암컷은 배에 잔털이 있음.

장수풍뎅이
• 수컷은 (③ 　　)이 있음.
• 암컷은 등판 전체에 털이 나 있음.

돈이 세상에 등장했어요

🌸 공부한 날   월   일

세상에 돈이 있기 때문에 할 수 있는 일에는 무엇이 있을까요? 돈이 있으면 필요한 물건을 살 수 있어요. 그리고 돈으로 어떤 물건의 ❶값어치가 얼마나 되는지도 알 수 있어요. 그런데 이렇게 중요한 역할을 하는 돈이 없던 시절도 있었어요. 그리고 돈은 처음 생겨난 후부터 그 형태가 계속 조금씩 변화해 왔어요.

그렇다면 돈이 없던 시절에는 필요한 물건을 어떻게 얻었을까요? 그 시절에는 필요한 물건을 직접 구해야 했어요. 바닷가에 사는 사람들은 직접 물고기를 잡고, 산에 사는 사람들은 직접 산짐승을 잡았어요. 그런데 산에 사는 사람들이 물고기를 먹고 싶을 때는 어떻게 했을까요? 물고기를 가진 사람을 찾아가 그 사람이 원하는 물건과 물고기를 바꾸어 왔어요. 이렇게 물건과 물건을 직접 ❷맞바꾸는 일을 '물물 교환'이라고 해요.

그런데 물물 교환은 어려운 점이 많았어요. 　　　　㉠　　　　. 그래서 사람들은 돈을 만들어 쓰기 시작했어요. 처음에는 조개나 ❸곡식 같은 ❹물품을 돈으로 썼어요. 조개나 곡식 등은 구하기 어렵지만 가지고 다니기 편하고, 오랫동안 보관할 수 있는 것이었어요. 그런데 이것들도 깨지거나 썩어서 못 쓰게 되는 일이 생겼어요. 그래서 동전처럼 쇠붙이로 된 돈을 만들었어요. 이후 동전보다 가볍고 쓰기 편리하도록 종이로 만든 지폐도 등장했지요. 이렇게 돈은 점점 사용하기 편리하게 형태가 변화해 왔어요.

낱말 풀이

❶ **값어치**: 어떤 것이 지니는, 인정할 만한 가치.
❷ **맞바꾸는**: 어떤 것을 다른 것과 서로 바꾸는.

❸ **곡식**: 쌀, 보리, 밀 등 주로 주식으로 쓰이는 먹거리.
❹ **물품**: 일정하게 쓸 만한 값어치가 있는 물건.

🔺
어휘 문제 **1** 첫소리를 보고 주어진 뜻에 알맞은 낱말을 쓰세요.

241020-0049

(1) ㅁ ㅂ ㄲ ㄷ ── 어떤 것을 다른 것과 서로 바꾸다. (　　　)

(2) ㄱ ㅅ ── 쌀, 보리, 밀 등 주로 주식으로 쓰이는 먹거리. (　　　)

2 다음 문장에 알맞은 낱말을 골라 ○표를 하세요.

241020-0050

(1) 만희는 연극에서 중요한 (역할 , 역활)을 맡았다.

(2) 할아버지께서 만 원짜리 (지패 , 지폐) 한 장을 꺼내 주셨다.

주제 확인

1 이 글의 중심 내용에 맞게 빈칸에 알맞은 말을 글에서 찾아 각각 써넣으세요.

241020-0051

> 돈이 없던 시절의 (   ) 교환과 돈의 (   )가 변화해 온 과정

내용 이해

2 이 글에 소개된 '조개나 곡식 같은 물품'의 특징이 <u>아닌</u> 것에 ×표를 하세요.

241020-0052

(1) 구하기 어렵다.   (   )

(2) 못 쓰게 되는 일이 없다.   (   )

(3) 오랫동안 보관할 수 있다.   (   )

적용

3 돈의 중요한 역할은 무엇인지 빈칸에 알맞은 낱말을 **보기**에서 골라 써넣으세요.

241020-0053

보기 종류, 값어치, 무게

돈이 있으면 물건의 (   )를 알 수 있어.

추론

4 ㉠에 들어갈 내용으로 알맞은 것에 ○표를 하세요.

241020-0054

(1) 바꿀 물건을 들고 다니는 일이 힘들었기 때문이에요.   (   )

(2) 필요한 물건을 직접 구하는 것이 더 편했기 때문이에요.   (   )

 글의 구조 파악하기   빈칸에 알맞은 말을 글에서 찾아 써넣으세요.

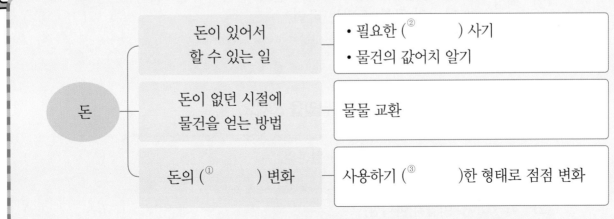

돈	돈이 있어서 할 수 있는 일	• 필요한 (②) 사기 • 물건의 값어치 알기
	돈이 없던 시절에 물건을 얻는 방법	물물 교환
	돈의 (①) 변화	사용하기 (③)한 형태로 점점 변화

돈에 남겨진 인물들

✿ 공부한 날   월   일

　돈에는 여러 인물들의 모습이 담겨 있어요. 백 원 동전에는 이순신, 천 원 지폐에는 이황, 오천 원 지폐에는 이이, 만 원 지폐에는 세종 대왕, 오만 원 지폐에는 신사임당의 ❶초상이 있어요. 이 분들은 모두 우리나라를 위해 많은 일을 한, 훌륭한 위인들이라는 공통점이 있지요.

　백 원 동전에 있는 이순신은 ❷왜적으로부터 우리나라를 지켜 낸 장군이에요. 지금으로부터 약 500년 전, 왜적이 우리나라를 공격했어요. 우리나라가 ❸불리한 상황에서도 이순신은 수많은 왜적을 물리쳤어요. 겨우 10여 척의 배를 이끌고 13여 척이 넘는 왜적과 맞서 싸워 이기기도 했어요.

　천 원 지폐에 있는 이황과 오천 원 지폐에 있는 이이는 우리나라를 대표하는 두 학자예요. 이황은 뛰어난 학자로서 나라를 위해 일했고, 고향에 돌아간 이후에는 많은 제자를 길러 냈어요. 이이는 특히 ❹백성들에게 도움이 되는 일을 하려고 노력했어요. 만 원 지폐에 있는 세종 대왕은 백성을 사랑하는 마음이 큰 왕으로 널리 알려져 있어요. 세종 대왕은 백성을 위해 한글을 만들어 냈어요. 그리고 농사를 잘할 수 있는 방법을 연구해 백성들에게 알려 주었어요. 오만 원 지폐에 있는 신사임당은 뛰어난 예술가였어요. 오천 원 지폐에 있는 이이의 어머니이기도 한 신사임당은 훌륭한 시와 그림을 많이 남겼어요.

낱말 풀이

❶ **초상**: 사진, 그림 등에 나타낸 사람의 얼굴이나 모습.
❷ **왜적**: 적으로서의 일본이나 일본인.
❸ **불리한**: 이롭지 아니한.
❹ **백성**: 나라의 근본이 되는 국민.

어휘 문제

1 다음 낱말의 뜻으로 알맞은 것에 ○표를 하세요.

241020-0055

(1) 초상
① 자연이나 지역의 아름다운 모습. (　　)
② 사진, 그림 등에 나타낸 사람의 얼굴이나 모습. (　　)

(2) 백성
① 한 집안에서 먼저 태어나 살다가 돌아가신 어른. (　　)
② 나라의 근본이 되는 국민. (　　)

2 첫소리를 보고 주어진 뜻에 알맞은 낱말을 쓰세요.

241020-0056

(1) ㅇ ㅈ — 적으로서의 일본이나 일본인. (　　)

(2) ㅂ ㄹ — 이롭지 아니함. (　　)

1 241020-0057

주제 확인

빈칸에 알맞은 말을 글에서 찾아 써넣으세요.

이 글에서는 우리나라 (   )에 남겨진 인물들에 대해 소개하고 있다.

2 241020-0058

내용 이해

우리나라 돈에 남겨진 인물들의 공통점을 찾아 ○표를 하세요.

(1) 힘겨운 어린 시절을 보냈다.　　　　　(　　　　)

(2) 셀 수 없이 많은 돈을 벌었다.　　　　　(　　　　)

(3) 우리나라를 위해 많은 일을 했다.　　　　(　　　　)

3 241020-0059

적용

그림 속 친구에게 해 줄 말을 글에서 찾아 빈칸에 알맞게 각각 써넣으세요.

그분의 이름은 (   )이야. 수많은 (   )을 물리치셨어.

4 241020-0060

추론

이 글을 통해 알 수 있는 내용이 <u>아닌</u> 것은 무엇인가요? (　　　　)

① 신사임당과 이이의 관계　　　　② 천 원 지폐에 그려진 인물의 이름

③ 이순신이 맞서 싸운 상대　　　　④ 세종 대왕이 백성들을 위해 한 일

⑤ 이이가 태어나고 살았던 장소

 글의 구조 파악하기

빈칸에 알맞은 말을 글에서 찾아 써넣으세요.

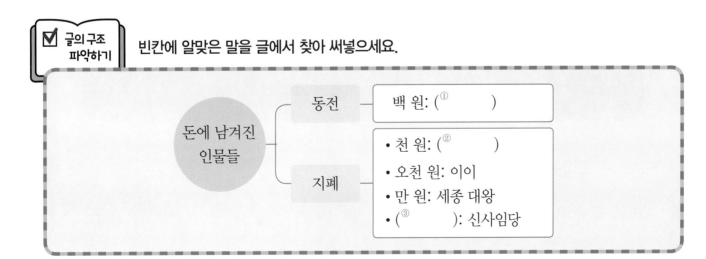

돈에 남겨진 인물들

동전 — 백 원: (①　　　　)

지폐 —
• 천 원: (②　　　　)
• 오천 원: 이이
• 만 원: 세종 대왕
• (③　　　　): 신사임당

1주 마무리 학습

❀ 배운 내용을 떠올려 서로 관련 있는 말이 연결되도록 '사다리 타기'를 해 보세요.

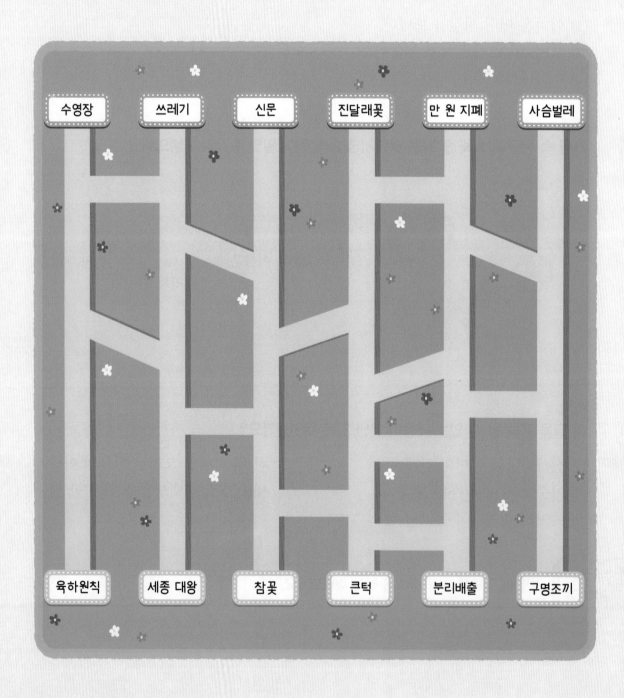

2주

주제	학습 내용	학습 완료일

서로 존중해요

🌸 공부한 날   월   일

전 세계는 여러 나라로 이루어져 있어요. 우리나라와 가까운 나라도 있고 먼 나라도 있지요. 나라마다 옷, 집, 음식, 노래, 춤, 놀이 등의 문화가 비슷하기도 하지만 서로 다른 부분도 많아요. 우리나라 사람들은 돼지고기와 소고기를 즐겨 먹지만, 이슬람교를 믿는 나라의 사람들은 돼지고기를 먹지 않아요. 힌두교를 믿는 나라의 사람들은 소고기를 먹지 않지요.

우리나라와 문화가 서로 다른 나라의 친구를 만났을 때는 따뜻하게 대해요. 다른 나라에 가서는 그곳의 친구들을 밝은 표정으로 대하도록 해요. 다른 나라의 문화를 무조건 따르거나 우리나라의 문화만 ❶고집하는 것은 옳지 않아요. 문화는 다르지만 우리 모두 사람이라는 점은 같기 때문에 서로 ❷존중해야 해요.

세계 여러 나라에는 그 나라에서 쓰는 ❸독특한 인사법이 있어요. 그 나라의 인사법으로 인사를 나누면 상대를 존중하는 마음을 보여 줄 수 있어요. 미국에서는 한 손을 내밀어 서로 맞잡으면서 인사해요. 이것은 전 세계에서 가장 ❹보편적인 인사법이에요. 프랑스에서는 서로 끌어안고 양쪽 볼을 번갈아 마주 대고 인사하는데, 입으로 '쪽쪽' 소리를 내기도 해요. 인도에서는 자신의 두 손을 가슴 앞에 펴서 마주 대고 고개를 숙인 후, "나마스테."라고 말하며 인사해요. 티베트에서는 서로 마주 보고 귀를 잡으며 혀를 길게 내밀며 인사해요. 혀를 길게 내밀수록 상대를 존경하는 것이라고 해요.

낱말 풀이
❶ 고집하는: 자기의 의견을 바꾸지 않고 굳게 버티는.
❷ 존중해야: 높이어 귀중하게 대해야.
❸ 독특한: 다른 것과 비교하여 특별하게 다른.
❹ 보편적인: 모든 것에 두루 미치거나 통하는.

1 다음 뜻에 알맞은 낱말을 보기에서 골라 쓰세요.
241020-0061

보기 고집하다, 존중하다

(1) 높이어 귀중하게 대하다. (   )
(2) 자기의 의견을 바꾸지 않고 굳게 버티다. (   )

2 다음 문장에 알맞은 낱말을 골라 ○표를 하세요.
241020-0062
(1) 내 동생 다현이는 자기만의 (독특한 , 평범한) 버릇이 있다.
(2) 악수를 하려고 한 손을 (내딛었다 , 내밀었다).

주제 확인

1 빈칸에 알맞은 말을 글에서 찾아 써넣으세요.

241020-0063

> 이 글은 다른 문화를 가진 사람들을 대하는 방법과 나라마다 다른 (　　　　　　)에 대해 설명하고 있다.

내용 이해

2 나라의 이름과 그 지역의 인사법을 나타낸 그림을 알맞게 선으로 이으세요.

241020-0064

(1) 미국   (2) 프랑스   (3) 인도

①    ②    ③

적용

3 다음 그림 속 친구에게 해 줄 말을 알맞게 말한 친구에 ○표를 하세요.

241020-0065

> 난 요즘
> 이 옷만 입어.
> 이 옷이 다른 나라에서
> 유행이거든.

> (1) 선우: 다른 나라의 문화를 무조건 따르는 것은 옳지 않은 일이야. (　　　)
>
> (2) 호진: 우리나라의 문화만 고집하는 것은 옳지 않은 일이야. (　　　)

추론

4 서로 다른 문화를 가진 사람을 존중해야 하는 까닭은 무엇인지 빈칸에 알맞은 말을 써넣으세요.

241020-0066

> 우리는 모두 (　　　　　)이라는 점에서 같기 때문이다.

 글의 구조 파악하기   빈칸에 알맞은 말을 글에서 찾아 써넣으세요.

| 서로 존중해요 | 나라마다 자기만의 (①　　　)가 있다. | 서로 (②　　　) 문화를 가진 사람끼리 존중해야 한다. | 그 나라에서 쓰는 인사법으로 인사를 나누면 상대를 (③　　　)하는 마음을 보여 줄 수 있다. |

이런 문화 저런 문화

　한 나라나 지역에는 그곳만의 독특한 음식이나 음식을 먹는 방법이 있어요. 이를 '음식 문화'라고 하는데, 이 음식 문화를 통해 그 지역 문화의 특징을 더 잘 이해할 수 있어요. 여러 지역의 문화를 알아볼까요?

　중국은 넓은 영토를 가진 나라답게 지역마다 ❶특색 있는 요리가 발달했어요. 중국의 사천 지역에서는 매운 ❷향신료를 많이 넣기 때문에 매운 음식이 발달했는데, 대표 요리로 '마파두부'가 있지요. 북경 지역에는 ❸궁중 요리의 형태가 많이 남아 있어요. 이 지역의 대표 음식으로는 오리를 구워 만든 요리인 '베이징덕'이 있어요. 광둥 지역의 요리는 서양 요리법이 쓰인 요리가 많아요. 대표 요리로는 우리가 즐겨 먹는 '탕수육'과 '딤섬'이 있어요.

　유럽은 음식을 먹는 방법이 독특해요. 그리고 ❹까다로운 식사 예절을 지켜야 해요. 식사용 빵을 먹을 때는 손으로 뜯어 먹어요. 뜯은 빵을 식탁에 그대로 올려 두는 것은 괜찮지만, 빵을 먹던 손으로 머리나 얼굴을 만지는 것은 상대방을 불쾌하게 하는 행동이래요. 또 소금, 후추 등은 식사할 때 여러 사람이 함께 사용하기 때문에 멀리 놓인 소금이나 후추가 필요하다면 여러 사람을 통해 건네받아야 해요. 이때, 다른 사람의 접시 위로 손을 뻗어 시선이나 음식을 가리는 것은 예의 없는 행동이에요. 그리고 수프를 뜰 때 숟가락을 바깥 방향으로 움직이고 '후루룩' 소리를 내서는 안 돼요.

낱말 풀이

❶ **특색**: 보통의 것과 차이가 나게 다른 점.
❷ **향신료**: 음식에 매운맛이나 향기를 더하는 조미료.
❸ **궁중**: 한 나라의 임금이 사는 집.
❹ **까다로운**: 사람의 성격이나 취향이 너그럽지 않고 별나게 억지스러운.

어휘 문제 **1** 다음 낱말의 뜻으로 알맞은 것에 ○표를 하세요.
241020-0067

(1) 특색
① 특별한 계급이나 등급. (　　)
② 보통의 것과 차이가 나게 다른 점. (　　)

(2) 향신료
① 음식에 매운맛이나 향기를 더하는 조미료. (　　)
② 음식을 만드는 데 사용하는 기름. (　　)

2 첫소리를 보고 주어진 뜻에 알맞은 낱말을 쓰세요.
241020-0068

(1) ㄱ ㅈ | 한 나라의 임금이 사는 집. (　　)

(2) ㄲ ㄷ ㄹ ㄷ | 사람의 성격이나 취향이 너그럽지 않고 별나게 억지스럽다. (　　)

1

주제 확인

글쓴이가 알려 주려는 것이 무엇인지 빈칸에 알맞은 말을 글에서 찾아 써넣으세요.

한 나라나 지역에서 나타나는 독특한 (   )

2

내용 이해

중국 지역과 그 지역의 대표 요리를 알맞게 선으로 이으세요.

(1) 사천 •   • ① 베이징덕

(2) 광둥 •   • ② 탕수육

(3) 북경 •   • ③ 마파두부

3

적용

유럽의 식사 예절 중 소금이나 후추를 사용하는 방법으로 알맞은 것에 ○표를 하세요.

(1)

( )

(2)

( )

4

추론

광둥 지역의 요리에 서양 요리법이 쓰인 요리가 많다는 사실로 알 수 있는 것에 ○표를 하세요.

(1) 광둥 지역이 외국 문화의 영향을 많이 받았을 것이다.   ( )

(2) 많은 서양인이 중국의 여러 지역을 좋아했을 것이다.   ( )

(3) 광둥 지역 사람들이 전 세계로 여행하기를 좋아했을 것이다.   ( )

☑ **글의 구조 파악하기**

빈칸에 알맞은 말을 글에서 찾아 써넣으세요.

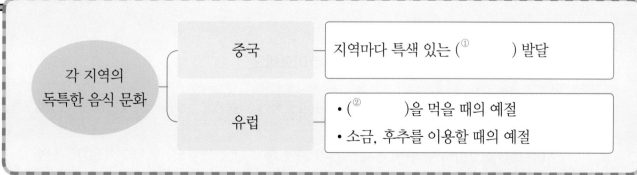

각 지역의 독특한 음식 문화

중국 — 지역마다 특색 있는 (①) 발달

유럽 — • (②)을 먹을 때의 예절
• 소금, 후추를 이용할 때의 예절

에너지를 낭비하고 있어요

우리는 평소 '에너지가 ❶낭비된다.', '에너지를 ❷절약하자.' 등 에너지와 관련된 말을 많이 들어요. 에너지란 무엇일까요? 에너지는 일을 할 수 있는 힘을 말해요. 여름철 선풍기가 바람을 일으켜 우리를 시원하게 해 주는 것도, 전구가 불을 밝혀 실내를 환하게 해 주는 것도 모두 에너지 덕분이에요. 전자레인지로 차가운 음식을 데울 때, 헤어드라이어로 젖은 머리를 말릴 때도 에너지가 필요해요.

그런데 이렇게 중요한 에너지를 낭비하면 어떻게 될까요? 에너지를 낭비하면 꼭 필요한 곳에 에너지를 보내지 못하게 될 수도 있어요. 게다가 사람들이 한꺼번에 많은 에너지를 사용하면 ❸정전이 될 수 있어요. 정전이 되면 냉장고에 들어 있는 음식을 차갑게 보관할 수 없고, 텔레비전을 볼 수도 없게 돼요. 해가 진 뒤에는 집 안을 밝힐 불도 켤 수 없게 되지요.

우리는 일상생활에서 에너지를 낭비하지 않도록 주의해야 해요. 혹시 추운 겨울날 반팔 옷과 반바지를 입은 채로 ❹난방 기구를 사용하지 않았나요? 날이 추울 때는 긴팔 옷과 긴 바지를 입고, 그래도 추울 경우에 난방 기구를 사용해야 해요. 혹시 보지도 않으면서 텔레비전의 전원을 켜 두거나, 사람이 없는 방에 불을 켜 두지는 않았나요? 텔레비전을 보지 않을 때는 반드시 전원을 끄고, 사람이 없는 방이나 교실은 불을 꼭 꺼요.

낱말 풀이

❶ **낭비된다**: 돈, 시간, 물건 등을 헛되이 함부로 쓰게 된다.
❷ **절약하자**: 마구 쓰지 않고 꼭 필요한 데에만 써서 아끼자.
❸ **정전**: 들어오던 전기가 끊어짐.
❹ **난방**: 건물 안이나 방 안의 온도를 높여 따뜻하게 하는 일.

어휘 문제

1 다음 문장에 알맞은 낱말을 골라 ○표를 하세요.

241020-0073

(1) 하준이는 용돈을 (낭비 , 절약)해서 어려운 이웃을 도우려고 한다.

(2) 온 동네가 (정전 , 전기)이/가 되어 깜깜하다.

2 다음 뜻에 알맞은 낱말을 찾아 선으로 이으세요.

241020-0074

(1) 건물 안이나 방 안의 온도를 높여 따뜻하게 하는 일. •   • ① 냉방

(2) 건물 안이나 방 안의 온도를 낮춰 차게 하는 일. •   • ② 난방

주제 확인

1 '에너지'란 무엇인지 빈칸에 알맞은 말을 글에서 찾아 각각 써넣으세요.

241020-0075

(   )을 할 수 있는 (   )

내용 이해

2 에너지에 대한 설명으로 틀린 것에 ×표를 하세요.

241020-0076

(1) 전구가 불을 밝히게 해 준다.   (   )

(2) 선풍기가 바람을 일으키게 해 준다.   (   )

(3) 에너지가 없으면 생활이 더 편리해진다.   (   )

적용

3 다음 그림을 보고, 교실을 사용하는 친구들에게 에너지와 관련하여 해 줄 말을 알맞게 쓰세요.

241020-0077

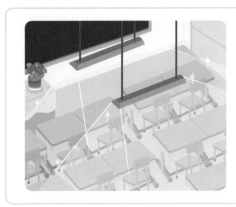

사람이 아무도 없는 교실에서는

_____ .

추론

4 일상생활에서 에너지를 낭비하는 예를 두 가지 골라 기호를 쓰세요.

241020-0078

㉮ 선풍기를 항상 켜 둔다.
㉯ 외출할 때에는 거실에 불을 끈다.
㉰ 화장실을 나오면서 불을 켜 둔다.

(,   )

☑ **글의 구조 파악하기**   빈칸에 알맞은 말을 글에서 찾아 써넣으세요.

에너지를 낭비하면 안 돼요	(①)의 뜻	일을 할 수 있는 힘.
	에너지를 낭비하면 생기는 일	꼭 필요한 곳에 에너지를 보낼 수 없다.
	우리가 할 일	일상생활에서 에너지를 (②)하지 말자.

에너지를 절약해요

🌸 공부한 날   월   일

우리가 에너지를 절약해야 하는 까닭은 무엇일까요? 집 안을 한번 둘러보세요. 전등, 텔레비전, 전자레인지, 에어컨, 세탁기, 전기밥솥 등은 모두 에너지가 있어야 사용할 수 있는 기구예요. 사람들의 생활을 편리하게 해 주는 기구를 많이 쓸수록 에너지를 많이 쓰게 돼요. 사람들이 한 번에 너무 많은 에너지를 쓰면 꼭 필요한 곳에 써야 할 에너지가 ⬛️ ㉠ ⬛️ 될 수 있어요.

에너지를 많이 쓰면 환경이 ❶오염돼요. 환경이 오염되는 까닭은 석탄, 석유 등의 ❷연료를 태워 필요한 에너지를 만들 때 해로운 물질이 나오기 때문이지요. 환경이 오염되면 인간은 물론이고 대부분의 생물이 살아가는 데 어려움을 겪어요. 한번 오염된 환경을 다시 깨끗하게 바꾸려면 많은 돈이 들고 오랜 시간이 걸려요. 따라서 우리는 에너지를 절약하고 환경을 보호해야 해요.

집 안에서 에너지를 절약할 수 있는 방법을 알아볼까요? 집 안을 살펴보면 콘센트에 사용하지 않는 플러그가 꽂혀 있는 것이 보일 거예요. 에너지를 절약하려면 사용하지 않는 플러그는 뽑아 두고, 필요 없는 전등은 꺼야 해요. 또 냉장고의 문을 열고 닫는 횟수를 줄이고, 여름철 에어컨 이용 시에는 ❸적정한 ❹실내 온도인 25~28℃를 유지하는 것이 좋아요. 그리고 빨래는 한꺼번에 모아서 세탁하도록 해요.

낱말 풀이

❶ **오염돼요**: 더러운 상태가 돼요.
❷ **연료**: 태워서 빛이나 열을 내거나 기계를 움직이는 에너지를 얻을 수 있는 물질.
❸ **적정한**: 정도가 알맞고 바른.
❹ **실내**: 방이나 건물 등의 안.

어휘 문제

1 첫소리를 보고 주어진 뜻에 알맞은 낱말을 쓰세요.
241020-0079

(1) ㅇㅇ ― 더러운 상태가 됨.   (   )

(2) ㅅㄴ ― 방이나 건물 등의 안.   (   )

2 다음 문장에 알맞은 낱말을 골라 ○표를 하세요.
241020-0080
(1) 책이 책장에 (끈혀 , 꽂혀) 있다.
(2) 줄넘기를 하면서 (회수 , 횟수)를 세어 보았다.

주제 확인

1 이 글의 중심 생각으로 알맞은 것에 ○표를 하세요.

241020-0081

(1) 연료를 태우면 에너지를 만들 수 있다.   (   )

(2) 우리는 에너지를 절약하고 환경을 보호해야 한다.   (   )

(3) 전등과 텔레비전은 에너지가 있어야 사용할 수 있다.   (   )

내용 이해

2 이 글의 내용으로 보아 환경이 오염되는 까닭은 무엇인가요? (   )

241020-0082

① 석탄, 석유 등의 연료가 사라지기 때문이다.

② 석탄, 석유 등의 연료를 만들지 않기 때문이다.

③ 석탄, 석유 등의 연료를 우주로 보내기 때문이다.

④ 석탄, 석유 등의 연료를 사람들이 싫어하기 때문이다.

⑤ 석탄, 석유 등의 연료를 태울 때 해로운 물질이 나오기 때문이다.

적용

3 다음 그림 속 친구에게 해 줄 말을 빈칸에 알맞게 써넣으세요.

241020-0083

여름철 적정한 실내 온도는 (   )~(   )℃를 유지하는 것이 좋아.

추론

4 ㉠에 들어갈 알맞은 말은 무엇인가요? (   )

241020-0084

① 충분하게   ② 풍부하게   ③ 부족하게

④ 만족하게   ⑤ 넘쳐나게

 글의 구조 파악하기 빈칸에 알맞은 말을 글에서 찾아 쓰세요.

에너지를 절약해요		
에너지를 절약해야 하는 까닭	에너지로 인한 (①) 오염	집 안에서 에너지를 (②)하는 방법
에너지를 절약하지 않으면 에너지가 부족해질 수 있다.	오염된 환경을 깨끗하게 바꾸려면 많은 돈이 들고 오랜 (③)이 걸린다.	사용하지 않는 플러그 뽑기, 필요 없는 전등 끄기 등을 실천한다.

안전하게 학교생활을 해요

🌸 공부한 날   월   일

학교에서 생활하다 보면 다치는 일이 생길 수 있어요. 주로 교실이나 복도, 운동장에서 다칠 수 있는데, 안전하게 학교생활을 하려면 어떻게 해야 하는지 알아보아요.

교실이나 복도에서는 뛰지 말아야 해요. 교실이나 복도에서 뛰어다니면 친구들과 부딪치기 쉬워요. 게다가 교실이나 복도의 바닥은 단단해서 미끄러져 넘어지면 크게 다칠 수 있으니 조심해야 해요.

교실과 복도를 ❶오갈 때에는 문을 이용하지요? 문을 ❷여닫을 때에는 뒷사람이 없는지 살펴보아야 해요. 갑자기 문을 닫으면 뒷사람이 다칠 수 있어요. 그리고 문을 세게 닫지 말아야 해요. 자칫 손이나 발이 문에 끼일 수 있는데, 문을 세게 닫으면 크게 다칠 수 있기 때문이에요.

운동장에서는 위험한 장난을 치지 말아야 해요. 야구공이나 농구공처럼 운동 경기에 사용하는 공은 매우 단단해요. 그래서 이런 공을 친구들에게 함부로 던지면 다치기 쉬워요. 또한 운동장에 있는 여러 놀이 기구를 이용할 때에도 장난을 치지 말아야 해요. 장난을 치다가 놀이 기구에 부딪칠 수도 있고, 높은 곳을 오르내리는 놀이 기구에서는 떨어질 수도 있어요.

이렇게 조심해도 다치는 경우가 생길 수 있어요. 그럴 때는 먼저 선생님이나 주변 어른에게 도움을 ❸요청해야 해요. 학교에 있는 보건실을 찾아가면 보건 선생님께 ❹치료를 받을 수 있어요.

낱말 풀이

❶ **오갈**: 일정한 곳을 오고 가며 다닐.
❷ **여닫을**: 문 등을 열고 닫고 할.

❸ **요청해야**: 필요한 어떤 일이나 행동을 부탁해야.
❹ **치료**: 병이나 상처 등을 낫게 함.

어휘 문제

1 다음 뜻에 알맞은 낱말을 찾아 선으로 이으세요.

241020-0085

(1) 문 등을 열고 닫고 하다.   •

• ① 오가다

(2) 일정한 곳을 오고 가며 다니다.   •

• ② 여닫다

2 다음 문장의 빈칸에 알맞은 말을 **보기**에서 골라 써넣으세요.

241020-0086

보기 치료, 요청

(1) 계단에서 넘어져 친구에게 도움을 (   )했다.
(2) 의사 선생님께서 다친 곳을 (   )해 주셨다.

주제 확인

1

241020-0087

빈칸에 알맞은 말을 글에서 찾아 각각 써넣으세요.

이 글은 학교의 (   )이나 복도, (   )에서 다치지 않고 생활하기 위해 조심해야 할 행동에 대해 설명하고 있다.

내용 이해

2

241020-0088

이 글을 통해 알 수 <u>없는</u> 내용은 무엇인가요? (   )

① 교실에는 수업 시간에 사용하는 물건들이 많다.

② 교실 문에 손이나 발이 끼이면 크게 다칠 수 있다.

③ 농구공은 사람이 다치지 않도록 말랑말랑하게 만든다.

④ 높이 오르내리는 놀이 기구에서 장난치면 떨어질 수 있다.

⑤ 다쳤을 경우 보건실에서 보건 선생님의 치료를 받을 수 있다.

적용

3

241020-0089

복도에서 교실로 들어오며 문을 닫는 모습으로 알맞은 것에 ○표를 하세요.

(1)

(   )

(2)

(   )

추론

4

241020-0090

교실이나 복도에서 뛰지 말아야 하는 까닭으로 알맞은 것에 <u>모두</u> ○표를 하세요.

(1) 책상이나 의자에 부딪치면 다칠 수 있어서   (   )

(2) 교실과 복도에서는 운동장보다 빨리 달릴 수 있어서   (   )

(3) 뛰다가 잘못하여 친구들과 부딪히면 서로 다칠 수 있어서   (   )

☑ **글의 구조 파악하기**   빈칸에 알맞은 말을 글에서 찾아 써넣으세요.

교실이나 복도에서 뛰지 않는다.		(^{①})을 여닫을 때 조심한다.
	안전하게 학교생활 하기	
운동장에서 위험한 (^{②})을 치지 않는다.		다쳤을 때는 선생님이나 주변 어른의 도움을 받는다.

상처를 치료해요

🌸 공부한 날 　　월　　일

　친구들과 정신없이 놀다 보면 자신도 모르는 사이에 상처가 날 수 있어요. 이때 주변에 선생님이나 어른이 있으면 도움을 받을 수 있지만, 그렇지 않은 경우도 있어요. 상처가 났을 때 어떻게 해야 상처 치료에 도움이 되는지 알아보아요.

　친구들이나 어떤 물건에 세게 부딪치면 피부가 찢어지거나 긁혀 피가 날 수 있어요. 그럴 때는 우선 상처가 난 부위를 깨끗한 물로 씻은 후 물기를 잘 말려요. 상처가 난 부위가 깨끗하지 않거나 물기가 있으면 상처가 잘 낫지 않아요. 상처 부위의 물기가 잘 마르면 연고를 바른 후 반창고를 붙여요.

　그런데 코를 다쳐서 코피가 나는 경우는 어떻게 해야 할까요? 코피가 날 때는 고개를 약간 숙여요. 그리고 ❶콧방울 조금 위쪽을 5~10분 정도 손가락으로 눌러 주어요. 그러면 나오던 피가 멈추게 되는데, 이렇게 피가 더 이상 나오지 않게 하는 것을 '지혈'이라고 해요. 어느 정도 지혈이 되면, 콧구멍을 막고 콧등과 양 눈 사이에 얼음을 대어 주면 좋아요.

　뜨거운 물건이 피부에 닿으면 화상을 입게 돼요. 이럴 때에는 병원 가기 전에 약하게 흐르는 수돗물로 5~10분 동안 화상 입은 부위를 ❷식혀야 해요. 수건을 찬물에 적셔서 식혀 주어도 좋아요. 이렇게 해 주어야 화상이 심해지는 것을 막을 수 있어요. 시간이 지나면 화상을 입은 부위에 물집이 생길 수 있어요. 그럴 때는 물집을 터뜨리지 말고 병원에 가요. 물집이 터진 곳으로 나쁜 균이 들어가면 상처가 ❸덧날 수 있기 때문이에요.

낱말 풀이

❶ **콧방울**: 코끝의 양쪽에 방울처럼 둥글게 내민 부분.
❷ **식혀야**: 더운 기운을 없애야.
❸ **덧날**: 병이나 상처 등을 잘못 다루어 상태가 이전보다 더 나빠질.

어휘 문제

1 다음 문장에 알맞은 낱말을 골라 ○표를 하세요.

241020-0091

(1) 뜨거운 물을 차갑게 (시켰다 , 식혔다).
(2) 동생에게 얼음물을 가져오라고 (시켰다 , 식혔다).

2 다음 그림에서 친구가 손가락으로 가리키는 곳의 이름을 글에서 찾아 쓰세요.

241020-0092

(　　　　　　　　)

주제 확인

1 이 글은 무엇에 대해 설명하는 글인가요? ( )

241020-0093

① 상처가 생기는 까닭
② 상처를 치료하는 방법
③ 상처를 입지 않는 방법
④ 상처를 치료해 주는 사람
⑤ 상처를 입은 친구를 위로하는 과정

내용 이해

2 피부가 찢어지거나 긁혔을 때 해야 할 일의 순서대로 기호를 쓰세요.

241020-0094

⑦ 깨끗한 물로 씻기　④ 반창고 붙이기　④ 연고 바르기　④ 물기 말리기

( ) → ( ) → ( ) → ( )

적용

3 뜨거운 주전자를 만져 손이 아플 때 해야 할 일로 알맞은 것에 ○표를 하세요.

241020-0095

(1) 상처에 물이 닿지 않게 한다. ( )
(2) 물집이 생기면 터뜨린 후에 병원에 간다. ( )
(3) 찬물에 적신 수건으로 상처 부위를 식혀 준다. ( )

추론

4 코피가 날 때 콧방울 조금 위쪽을 손가락으로 눌러 주는 까닭은 무엇이겠는지 빈칸에 알맞은 말을 글에서 찾아 두 글자로 써넣으세요.

241020-0096

콧방울 조금 위쪽을 손가락으로 눌러 주어 ( )을 하기 위해서이다.

 글의 구조 파악하기　빈칸에 알맞은 말을 글에서 찾아 써넣으세요.

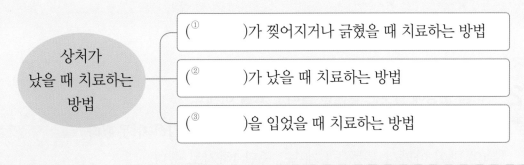

상처가 낳을 때 치료하는 방법
- (①)가 찢어지거나 긁혔을 때 치료하는 방법
- (②)가 났을 때 치료하는 방법
- (③)을 입었을 때 치료하는 방법

동물은 추운 겨울을 어떻게 날까요?

여러 동물들이 ❶겨울나기를 어떻게 하는지 알아볼까요? 여우, 호랑이, 고라니는 ❷털갈이를 해서 털이 더 많아지게 하여 추위를 견뎌요. 토끼는 털 색깔이 하얀색으로 변하고 털이 많아져요. 눈이 많이 내린 겨울, 토끼의 털 색깔은 눈처럼 하얀색이어서 눈에 잘 띄지 않아 [㉠   ].

한편, 겨울에는 춥고 먹이도 귀하기 때문에 곤충들은 거의 활동하지 않고 땅속이나 나무속, 낙엽 밑 등에서 지내요. 사마귀는 알집에서 알 상태로 있다가 봄이 되면 깨어 나오고, 호랑나비는 번데기 상태로 지내며, 사슴벌레는 나무속에서 어른벌레 상태로 지내요.

동물 중에는 겨울잠을 자면서 겨울을 나는 동물이 있어요. 겨울잠은 동물이 활동을 ❸중단하고 땅속, 나무 밑 등에서 겨울을 보내는 일을 말해요. 동물들이 겨울잠을 자는 까닭은 무엇일까요? 그건 땅속, 나무 밑 등이 바깥보다 따뜻해서 겨울 동안 얼어 죽지 않고 보낼 수 있기 때문이에요. 또 겨울에는 먹이가 부족해서 ❹굶주림에 시달리지 않으려고 겨울잠을 자요.

동물마다 다양한 방법으로 겨울잠을 자는데, 다람쥐는 겨울잠을 자는 중간에 깨어나서 모아 두었던 먹이를 먹고 다시 겨울잠을 자요. 곰도 중간중간 깨어나서 똥, 오줌을 누거나 먹이를 먹기도 해요. 하지만 개구리는 날씨가 따뜻해지는 봄이 될 때까지 깨지 않고 겨울잠을 자는데, 이때에는 심장도 천천히 뛰어요.

낱말 풀이

❶ **겨울나기**: 겨울을 지냄.
❷ **털갈이**: 짐승의 오래된 털이 빠지고 새 털이 나는 일.
❸ **중단하고**: 어떤 일을 중간에 멈추거나 그만두고.
❹ **굶주림**: 먹을 것이 없어 배를 곯는 것.

어휘 문제

1 첫소리를 보고 주어진 뜻에 알맞은 낱말을 쓰세요.

241020-0097

(1) ㄱ ㅈ ㄹ ― 먹을 것이 없어 배를 곯는 것.   (   )

(2) ㅌ ㄱ ㅇ ― 짐승의 오래된 털이 빠지고 새 털이 나는 일.   (   )

2 다음 문장에 알맞은 낱말을 골라 ○표를 하세요.

241020-0098

(1) 색연필이 (부족 , 충분)해서 그림을 다 색칠하지 못했다.

(2) 발이 아파서 운동을 (계속 , 중단)하기로 했다.

1 주제 확인
241020-0099

이 글의 중심 내용은 무엇인지 빈칸에 알맞은 말을 글에서 찾아 <u>네 글자</u>로 써넣으세요.

이 글에서는 동물들의 ( )에 대해 설명하고 있다.

2 내용 이해
241020-0100

곤충의 겨울나기에 대한 설명으로 알맞지 <u>않은</u> 것에 ✕표를 하세요.

(1) 호랑나비는 번데기 상태로 지낸다. ( )

(2) 사마귀는 물속에 있다가 봄이 되면 깨어 나온다. ( )

(3) 사슴벌레는 나무속에서 어른벌레 상태로 지낸다. ( )

3 적용
241020-0101

다음 질문에 알맞게 대답한 친구의 이름을 쓰세요.

겨울잠을 자는 다람쥐는 봄이 될 때까지 깨어나지 않을까?

준휘: 다람쥐는 겨울잠을 자지 않아.
로하: 다람쥐는 겨울잠을 자다가 중간중간 깨어나.
지원: 다람쥐는 봄이 될 때까지 깨지 않고 겨울잠을 자.

( )

4 추론
241020-0102

㉠에 들어갈 알맞은 말에 ○표를 하세요.

(1) 적에게 잘 잡아먹혀요 ( )

(2) 몸을 더 크게 부풀릴 수 있어요 ( )

(3) 적으로부터 몸을 보호할 수 있어요 ( )

 **글의 구조
파악하기**

빈칸에 알맞은 말을 글에서 찾아 써넣으세요.

동물의
겨울나기

(①)를 하는 동물의 겨울나기: 여우, 호랑이, 고라니, 토끼

여러 (②)의 겨울나기: 사마귀, 호랑나비, 사슴벌레

(③)을 자는 동물들의 겨울나기: 다람쥐, 곰, 개구리

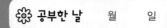
풀이나 나무 같은 식물들은 어떻게 겨울나기를 할까요? 나무보다 키도 작고 연약한 풀은 겨울이 되면 대부분 말라 죽어요. 하지만 민들레처럼 잎과 뿌리가 살아 추운 겨울을 나는 풀도 있어요. 민들레는 추운 겨울을 보내고 따뜻한 봄이 되면 씨를 여기저기 날려 보내요.

나무들 가운데에는 한겨울의 추위를 그대로 견뎌 내는 것들이 있어요. 소나무는 ❶사시사철 내내 잎이 푸른 ❷상록수로, 잎이 그대로 붙은 채로 추운 겨울을 나지요. 소나무처럼 겨울을 나는 나무에는 사철나무, 향나무, 동백나무 등이 있어요. 이 중에서 동백나무는 겨울에도 빨갛고 예쁜 꽃을 피워요.

겨울에 ❸화단이나 학교 운동장의 나무를 보면 겨울눈이 있는 것들이 있어요. 목련, 개나리, 버드나무 같은 나무는 겨울눈으로 겨울을 나요. 겨울눈은 나무들이 ㉠ 견디기 위해 만든 것이에요. 뾰족하거나 둥글게 생긴 겨울눈 속에는 꽃이나 잎이 될 싹이 들어 있어요. 겨울눈의 모양은 나무의 종류에 따라 달라요. 보드라운 털로 둘러싸인 것도 있고, 기름기가 있는 껍질로 둘러싸인 것도 있어요.

겨울이 되면 다양한 모양의 겨울눈을 관찰할 수 있어요. 그런데 겨울눈을 관찰할 때 주의해야 할 점이 있어요. ❹겨울눈을 따거나 나뭇가지를 부러뜨리지 않아야 해요. 또 화단에 들어가거나 나무 위에 올라가서도 안 돼요. 겨울눈을 관찰할 때에는 나무를 사랑하고 아끼는 마음을 가져야 해요.

낱말 풀이

❶ **사시사철**: 봄·여름·가을·겨울의 네 철 내내의 동안.
❷ **상록수**: 계절에 관계없이 잎이 푸른 나무를 통틀어 이르는 말.
❸ **화단**: 꽃을 심기 위해 흙을 약간 높게 하여 만든 꽃밭.
❹ **겨울눈**: 늦여름부터 가을 사이에 생겨 겨울을 넘기고 이듬해 봄에 자라는 싹.

어휘 문제 **1** 주어진 말을 보고 떠오르는 낱말을 첫소리에 알맞게 쓰세요.

241020-0103

(1) 봄 - 여름 - 가을 - 겨울 ➡ ㅅ ㅅ ㅅ ㅊ ( )

(2) 풀 - 나무 - 꽃 - 잎 ➡ ㅅ ㅁ ( )

2 다음 뜻에 알맞은 낱말을 찾아 선으로 이으세요.

241020-0104

(1) 계절에 관계없이 잎이 푸른 나무. • • ① 화단

(2) 꽃을 심기 위해 흙을 약간 높게 하여 만든 꽃밭. • • ② 상록수

1 【주제 확인】

241020-0105

이 글에 나타나 있지 <u>않은</u> 내용을 골라 ✕표를 하세요.

(1) 겨울눈으로 겨울을 나는 나무 (**②**강)

(2) 씨를 날려 보내며 겨울을 나는 풀 (   )

(3) 잎과 뿌리가 살아 겨울을 나는 풀 (   )

(4) 잎이 그대로 붙은 채 겨울을 나는 나무 (   )

2 【내용 이해】

241020-0106

향나무와 동백나무의 공통점은 무엇인가요? (   )

① 풀이다.   ② 동물이다.

③ 꽃이 피지 않는다.   ④ 겨울눈으로 겨울을 난다.

⑤ 겨울에도 잎이 떨어지지 않는다.

3 【적용】

241020-0107

겨울눈을 바르게 관찰한 친구에 ◯표를 하세요.

(1) 누리: 나뭇가지를 부러뜨리지 않았다. (   )

(2) 민호: 나무에 있는 겨울눈을 떼어 냈다. (   )

(3) 하늘: 나무 위에 올라가서 겨울눈을 관찰했다. (   )

4 【추론】

241020-0108

㉠에 들어갈 알맞은 말에 ◯표를 하세요.

(1) | 목마름을 | (   )   (2) | 추위를 | (   )

☑ **글의 구조 파악하기**   빈칸에 알맞은 말을 글에서 찾아 써넣으세요.

식물의 겨울나기

- (①   )의 겨울나기: 민들레
- (②   )의 겨울나기: 소나무, 사철나무, 향나무, 동백나무
- (③   )을 가진 나무의 겨울나기: 목련, 개나리, 버드나무
- 겨울눈을 관찰할 때 주의할 점

색에 담긴 의미

✿ 공부한 날 　월　　일

　우리가 수업 시간에 사용하는 색연필이나 물감에는 다양한 색이 있어요. 그런데 색이 주는 느낌이나 색에 담긴 의미가 서로 다르다는 것을 알고 있나요? 이번에는 색이 주는 느낌과 색에 담긴 의미에 대해 알아보아요.

　빨간색은 따뜻한 느낌을 주는 색이에요. 그래서 세면대에서 따뜻한 물이 나오는 수도꼭지는 주로 빨간색으로 ❶표시되어 있어요. 한편, 빨간색은 ❷위급한 상황을 나타내거나 금지의 의미로 쓰이는 색이기도 해요. 소방차는 빨간색으로 칠해진 경우가 많은데, 위급한 상황이 발생했음을 알려 주지요. 게다가 위험한 일이 일어날 가능성이 있을 때에는 '빨간불이 켜졌다'라고 말하기도 해요. 그리고 신호등에서 빨간 신호는 움직이는 것을 금지한다는 의미로 쓰여요.

　파란색은 시원한 느낌을 주는 색이에요. 그래서 세면대에서 시원한 물이 나오는 수도꼭지는 주로 파란색으로 표시되어 있어요. 시원함을 강조하고 싶은 상품 중에 파란색으로 포장된 것이 많아요. 파란색은 '파란불이 켜졌다'와 같이 어떠한 일이 잘 되어 나갈 가능성을 나타내거나 희망의 의미로 쓰이는 색이기도 해요. 파랑새는 예로부터 ❸희망을 전해 주는 새로 알려져 있지요.

　흰색은 깨끗한 느낌을 주는 색이에요. 그래서 깨끗함을 강조하고 싶은 사물에 흰색을 많이 사용해요. 병원에 가 보면 흰색으로 칠해진 곳이 많아요. 의사 선생님께서 환자를 진찰할 때 입는 가운도 주로 흰색이지요. 흰색은 ❹순수함을 의미하는 색이기도 해요. 우리나라 태극기의 흰색 바탕은 우리 민족의 순수한 정신을 의미해요.

낱말 풀이

❶ **표시되어**: 어떤 사항을 알리는 내용을 겉에 드러내 보이어.
❷ **위급한**: 어떤 일이나 상태가 몹시 위험하고 급한.
❸ **희망**: 어떤 일을 이루거나 하기를 바람.
❹ **순수함**: 전혀 다른 것의 섞임이 없이 깨끗함.

어휘 문제 1 다음 문장에 알맞은 낱말을 골라 ○표를 하세요.

241020-0109

　(1) 그 가게에는 제품마다 가격이 (표시되어 , 사용되어) 있었다.
　(2) 갑자기 아플 때처럼 (다양한 , 위급한) 상황이 생기면 구급차를 불러야 한다.

2 다음 뜻에 알맞은 낱말을 **보기**에서 골라 쓰세요.

241020-0110

　보기 　순수, 희망

　(1) 전혀 다른 것의 섞임이 없이 깨끗함.　　　　　(　　　　　)
　(2) 어떤 일을 이루거나 하기를 바람.　　　　　　(　　　　　)

1 〔주제 확인〕
241020-0111

이 글에서 설명하고 있는 내용은 무엇인지 빈칸에 알맞은 낱말을 각각 써넣으세요.

색이 주는 (   )과 색에 담긴 (   )

2 〔내용 이해〕
241020-0112

다음과 같은 상황이 뜻하는 것끼리 선으로 이으세요.

(1) 빨간불이 켜진 상황 •

• ① 어떤 일이 잘 진행되고 있음.

(2) 파란불이 켜진 상황 •

• ② 어떤 일이 잘 진행되지 않고 있음.

3 〔적용〕
241020-0113

빨간색, 파란색, 흰색 중 친구의 말에 어울리는 물감의 색깔에 ○표를 하세요.

(1)

시원한 느낌이 나도록 물병을 칠할 거야.

(2)

따뜻한 느낌이 나도록 주전자를 칠할 거야.

4 〔추론〕
241020-0114

학교 급식실 영양사 선생님이 흰색 가운을 주로 입는 까닭으로 알맞은 것에 ○표를 하세요.

(1) 인기가 많기 때문에   (   )
(2) 아픔을 의미하는 색이기 때문에   (   )
(3) 깨끗한 느낌을 주는 색이기 때문에   (   )

 〔글의 구조 파악하기〕 빈칸에 알맞은 말을 글에서 찾아 써넣으세요.

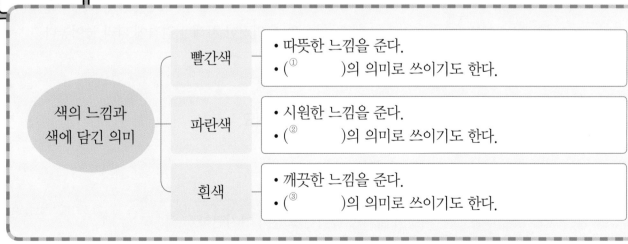

색의 느낌과 색에 담긴 의미

빨간색
• 따뜻한 느낌을 준다.
• (①   )의 의미로 쓰이기도 한다.

파란색
• 시원한 느낌을 준다.
• (②   )의 의미로 쓰이기도 한다.

흰색
• 깨끗한 느낌을 준다.
• (③   )의 의미로 쓰이기도 한다.

새로운 색을 만들어 봐요

그림을 그릴 때 물감을 사용해요. 물감에는 다양한 색이 있지만, 원하는 색의 물감이 없을 때도 있어요. 그럴 때는 여러 색의 물감을 섞는 방법으로 원하는 색을 만들 수 있어요.

색을 만들 때 가장 기본이 되는 색을 '색의 삼원색'이라고 해요. '색의 삼원색'에는 빨강, 노랑, 파랑이 있어요. 이 세 가지 색을 섞으면 아주 많은 수의 색을 만들어 낼 수 있어요. 삼원색을 서로 섞으면 어떤 색이 나올까요? 같은 양의 물감을 섞는다고 할 때, 빨강과 노랑을 섞으면 주황, 빨강과 파랑을 섞으면 보라가 돼요. 그리고 ㉠같은 양의 파랑과 노랑을 섞으면 초록이 되지요. 이렇게 만들어진 색으로 다른 색을 만들 수도 있어요. 보라에 파랑을 섞으면 남색이 되고, 보라에 빨강을 섞으면 자주가 돼요. ㉡초록에 노랑을 섞으면 연두색이 되고, 초록에 파랑을 섞으면 청록이 된답니다.

이러한 색을 고리 모양으로 ❶나란히 ❷배열해 놓은 것을 '10색상환'이라고 해요. 10개의 색이 있는 동그라미라는 뜻이에요. 이 색상환에서 한 가지 색과 그 옆에 있는 색은 비슷한 색이라는 뜻에서 '❸유사색'이라고 해요. 예를 들어, 빨강의 유사색은 자주와 주황이지요. 그리고 색상환에서 서로 마주 보고 있는 색은 반대되는 색이라는 뜻에서 '❹보색'이라고 해요. 예를 들어 빨강의 보색은 청록이에요.

낱말 풀이

❶ **나란히**: 여럿이 줄지어 늘어선 모양이 가지런히.
❷ **배열해**: 일정한 차례나 간격에 따라 늘어놓아.
❸ **유사색**: 서로 비슷한 색.
❹ **보색**: 서로 반대되는 색.

어휘 문제

1 다음 낱말과 그 뜻을 알맞게 선으로 이으세요.
241020-0115

(1) 유사하다 •   • ① 서로 비슷하다.

(2) 배열하다 •   • ② 일정한 차례나 간격에 따라 늘어놓다.

2 첫소리를 보고 주어진 뜻에 알맞은 낱말을 쓰세요.
241020-0116

(1) ㅂ ㅅ   서로 반대되는 색.   (   )

(2) ㄴ ㄹ ㅎ 여럿이 줄지어 늘어선 모양이 가지런히.   (   )

1

241020-0117

주제 확인

빈칸에 알맞은 말을 글에서 찾아 써넣으세요.

이 글은 색을 만드는 (   )과 색의 관계에 대해 설명하고 있다.

2

241020-0118

내용 이해

색의 삼원색을 모두 고르세요. (,   ,   )

①   ②   ③   ④   ⑤

3

241020-0119

적용

다음 중 색상환을 보고 알게 된 내용을 잘못 말한 친구의 이름을 쓰세요.

유나: 빨강의 보색은 청록이야.
시현: 노랑의 유사색에는 주황과 빨강이 있어.
소민: 초록의 유사색에는 청록과 연두가 있어.

(   )

4

241020-0120

추론

㉠, ㉡을 바탕으로 하여 다음 질문에 대한 답에 알맞은 색을 각각 골라 ○표를 하세요.

질문 게시판	⋮

Q 파랑과 노랑을 섞었는데 연두색이 나왔어. 왜 초록색이 아닌 연두색이 나왔을까?

A (노랑 , 파랑)을 (노랑 , 파랑)보다 많이 넣었기 때문이야.

☑ 글의 구조 파악하기

빈칸에 알맞은 말을 글에서 찾아 써넣으세요.

여러 가지 색

색을 만들 때 가장 (①   )이 되는 색을 '색의 삼원색'이라고 한다.

색의 (②   )을 서로 섞어 다양한 색을 만들 수 있다.

여러 색을 고리 모양으로 연결해 놓은 것을 10(③   )이라고 한다.

2주 마무리학습

❀ 배운 내용을 떠올려 '십자말풀이'를 해 보세요.

가로 열쇠

❶ 중국요리의 하나. 두부와 다진 고기에다 된장, 조미료 따위를 넣고 볶아 만듦.
  ㉠ 오늘은 중국집에서 ○○○○를 밥 위에 얹어 먹었어요.

❷ 동물이 겨울을 나기 위해 활동을 멈추고 겨울철 동안 자는 잠.
  ㉠ 다람쥐는 겨울에 ○○○을 자요.

❸ 계절에 관계없이 잎이 푸른 나무.
  ㉠ 소나무, 사철나무는 모두 ○○○예요.

❹ 연고, 붕대 등을 피부에 붙이기 위해 한쪽 면에 끈끈한 물질을 발라 만든 헝겊이나 테이프.
  ㉠ 연고를 바른 후에 ○○○를 붙일게요.

❺ 나오는 피를 멈추게 함.
  ㉠ 피가 많이 나오니 서둘러 ○○을 해야겠어요.

세로 열쇠

① 파란 빛깔의 털을 가진, 희망과 행복을 상징하는 새.
  ㉠ 아침부터 ○○○를 봐서 기분이 좋아요.

② 코끝의 양쪽에 방울처럼 둥글게 내민 부분.
  ㉠ 달려왔더니 ○○○에 땀이 맺혔어요.

③ 불이나 뜨거운 것, 화공 약품 등에 데어서 피부에 생긴 상처.
  ㉠ 불에 데어서 ○○을 입었어요.

④ 튀김옷을 입혀 튀긴 고기에 식초, 간장, 설탕, 채소 등을 넣고 끓인 녹말 물을 부어 만든 중국 요리.
  ㉠ 저는 ○○○을 소스에 찍어 먹어요.

⑤ 길이가 무릎 위나 무릎 정도까지 내려오는 짧은 바지.
  ㉠ 여름에는 반팔과 ○○○를 입어야 시원해요.

3주

우리나라의 민속놀이

옛날부터 우리 조상들이 즐겨했던 놀이를 '민속놀이'라고 해요. 민속놀이는 각 지방의 ❶풍속과 생활 모습이 잘 나타나 있는 놀이로, 백성들 사이에 전해져 왔어요.

민속놀이에는 제기차기, 꼬리잡기, 비사치기, 농악놀이, 쥐불놀이 등이 있어요. 제기차기는 제기를 한 발 또는 양발로 차는 놀이예요. 제기를 차서 땅에 떨어뜨리지 않고 더 많이 차는 사람이 이기는 놀이랍니다. 꼬리잡기는 두 편으로 나누어 하는 놀이로, 같은 편 앞사람의 허리를 잡고 한 줄로 선 후에 이리저리 움직이며 돌아다니다가 맨 앞사람이 상대편 맨 뒷사람을 먼저 잡으면 이기는 놀이예요. 비사치기는 먼저 일정한 거리를 두고 ❷금을 그어요. 금 위에 손바닥만 한 납작하고 네모진 돌(말)을 비석처럼 세워 두고, 자신의 돌로 상대편의 돌을 넘어뜨리는 놀이예요.

이 밖에도 농사를 지을 때나 명절에 풍년을 ❸기원하고 사람들의 흥을 ❹돋우기 위해 장구, 북, 꽹과리, 징 등의 악기로 연주하며 춤을 추던 농악놀이도 있어요. 농악놀이는 오늘날에도 다양한 곳에서 공연되며 여러 사람들에게 전통 문화의 아름다움을 널리 알리고 있지요. 쥐불놀이는 주로 정월대보름에 많이 하던 놀이로, 농사를 짓기 전 논둑이나 밭둑에 불을 붙이고 돌아다니며 마을 사람들과 함께 한 해를 마무리하며 즐겼던 놀이예요. 이 놀이에는 다가올 새해에도 모두 건강하고 농사가 잘되기를 바라는 마음이 담겨 있어요.

낱말 풀이
❶ **풍속**: 사회에 속한 사람들에게 옛날부터 전해 오는 생활 습관.
❷ **금**: 접거나 긋거나 하여 생긴 자국.
❸ **기원하고**: 바라는 일이 이루어지기를 빌고.
❹ **돋우기**: 의욕이나 감정을 부추기거나 일으키기.

어휘 문제

1 첫소리를 보고 주어진 뜻에 알맞은 낱말을 쓰세요.

241020-0121

(1) ㅍ ㅅ ── 사회에 속한 사람들에게 옛날부터 전해 오는 생활 습관.   (   )

(2) ㄱ ㅇ ── 바라는 일이 이루어지기를 빎.   (   )

2 밑줄 친 부분이 **보기**와 같은 뜻으로 쓰인 문장을 골라 ○표를 하세요.

241020-0122

보기 금: 접거나 긋거나 하여 생긴 자국.

(1) 한국은 마지막 경기에서 금 하나를 추가하였다.   (   )
(2) 미나는 월, 수, 금에 학교가 끝나면 피아노 학원에 간다.   (   )
(3) 나는 책상에 금을 긋고 짝꿍에게 넘어오지 말라고 했다.   (   )

1 241020-0123

【주제 확인】

옛날부터 우리 조상들이 즐겨했던 놀이로, 각 지방의 풍속과 생활 모습이 잘 나타난 놀이를 무엇이라고 하는지 글에서 찾아 쓰세요.

(   )

2 241020-0124

【내용 이해】

제기차기를 하는 방법으로 알맞은 것은 무엇인가요? (   )

① 제기를 한 발 또는 양발로 찬다.
② 제기를 발로 차서 비석을 쓰러뜨린다.
③ 숨겨 둔 상대편의 제기를 먼저 찾는다.
④ 제기를 땅에 먼저 떨어뜨리는 사람이 이긴다.
⑤ 제기를 던져 손으로 먼저 잡는 사람이 이긴다.

3 241020-0125

【적용】

오른쪽 그림은 친구들이 꼬리잡기를 하고 있는 모습입니다. 세호 편과 주희 편 중에서 이긴 편은 어느 편인지 쓰세요.

주희 편

세호 편

(   )

4 241020-0126

【추론】

이 글을 읽고 민속놀이에 대해 잘 이해한 친구의 이름을 쓰세요.

> 진희: 농악놀이에는 풍년을 기원하는 마음이 담겨 있어.
> 호영: 우리 조상들은 설날에만 다양한 민속놀이를 즐겼어.
> 설아: 쥐불놀이를 하려면 장구나 북 같은 악기가 필요해.

(   )

☑ 글의 구조 파악하기

빈칸에 알맞은 말을 글에서 찾아 써넣으세요.

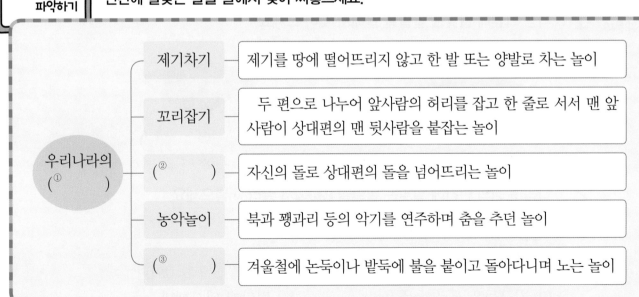

우리나라의
(① ___)

제기차기	제기를 땅에 떨어뜨리지 않고 한 발 또는 양발로 차는 놀이
꼬리잡기	두 편으로 나누어 앞사람의 허리를 잡고 한 줄로 서서 맨 앞사람이 상대편의 맨 뒷사람을 붙잡는 놀이
(② ___)	자신의 돌로 상대편의 돌을 넘어뜨리는 놀이
농악놀이	북과 꽹과리 등의 악기를 연주하며 춤을 추던 놀이
(③ ___)	겨울철에 논둑이나 밭둑에 불을 붙이고 돌아다니며 노는 놀이

강강술래와 소먹이놀이

'추석'은 음력 8월 15일로 우리나라의 대표적인 ❶명절 중 하나예요. 추석은 다른 말로 '한가위'나 '중추절'로도 불러요. 우리 조상들은 추석에 그 해 새로 난 곡식과 과일로 음식을 만들어 조상님께 차례를 지냈어요. 또 가족들이 모여 맛있는 음식을 먹거나 다양한 민속놀이를 했어요. 옛날 조상들이 추석에 즐겼던 민속놀이 중에서 강강술래와 소먹이놀이 방법을 소개할게요.

강강술래는 여러 사람이 함께 손을 잡고 원을 그리며 빙빙 돌면서 노래를 부르는 놀이예요. 강강술래를 하면서 중간중간에 한두 명씩 원 가운데로 들어가 춤을 추는 ❷남생이놀이, 사람들이 빙글빙글 돌면서 ❸멍석을 말 듯이 뭉쳐지는 멍석말이놀이, 두 명씩 마주 선 채로 손을 ❹맞잡고 문을 만들면 그 문으로 사람들이 들어가는 문지기놀이 등 다양한 놀이를 할 수 있어요.

다음은 소먹이놀이를 하는 방법이에요. 소몰이꾼과 소 역할을 할 사람을 각각 한 명씩 뽑고 나머지 사람들에게는 콩이 담긴 바구니를 하나씩 나누어 주어요. 소몰이꾼이 돌아다니며 "소가 배가 고파서 왔습니다. 먹을 것을 좀 주십시오."라고 말하면 콩 바구니를 든 사람은 소몰이꾼과 소에게 콩을 주며 "여기 먹이 있습니다."라고 대답해요. 소몰이꾼과 소 역할은 서로 돌아가면서 해요. 이때 소 역할을 하는 사람은 소의 모습을 실감 나게 흉내 내지요.

두 놀이는 친구들과 쉽고 간단하게 할 수 있는 재미있는 놀이예요.

낱말 풀이

❶ **명절**: 설, 추석 등 해마다 전통적으로 즐기거나 기념하는 날.
❷ **남생이**: 거북과 비슷하게 생겼으나 거북보다 작으며, 등이 진한 갈색의 딱지로 되어 있는 동물.

❸ **멍석**: 마당에 깔아 놓고 사람이 앉거나 곡식을 넣어 말리는 데에 쓰는 짚으로 엮어 만든 큰 깔개.
❹ **맞잡고**: 손을 마주 잡고.

어휘 문제 **1** 다음 그림에 알맞은 낱말을 글에서 찾아 쓰세요.
241020-0127

(1)

(   )

(2)

(   )

2 다음 문장의 빈칸에 알맞은 낱말을 **보기**에서 골라 써넣으세요.
241020-0128

보기 명절, 맞잡고, 민속놀이

(1) 설날과 추석은 우리나라의 대표적인 (   )이다.
(2) 친구들은 서로 손을 (   ) 정답게 인사했다.

241020-0129

주제 확인

1 이 글에서 설명하는 중심 내용으로 알맞은 것에 ○표를 하세요.

(1) 추석에 빌던 소원   (2) 추석에 먹던 음식   (3) 추석에 하던 민속놀이

(   )   (   )   (   )

내용 이해

241020-0130

2 빈칸에 알맞은 말을 글에서 찾아 각각 써넣으세요.

강강술래는 사람들이 함께 손을 잡고 (   )을 그리며 빙빙 돌면서 노래를 부르는 놀이이고, 소먹이놀이는 소몰이꾼과 소 역할을 하는 사람이 돌아다니며 배 고프다고 말하고 사람들에게 (   )을 받는 놀이이다.

적용

241020-0131

3 다음 그림은 강강술래에서 어떤 놀이를 나타낸 것인지 알맞게 선으로 이으세요.

(1) •

• ① 남생이놀이

(2) •

• ② 문지기놀이

추론

241020-0132

4 강강술래와 소먹이놀이의 공통점으로 알맞은 것에 ○표를 하세요.

(1) 두 놀이는 정월 대보름에 하는 놀이이다.   (   )

(2) 두 놀이는 쉽고 간단하게 할 수 있는 놀이이다.   (   )

✔ **글의 구조 파악하기**   빈칸에 알맞은 말을 글에서 찾아 써넣으세요.

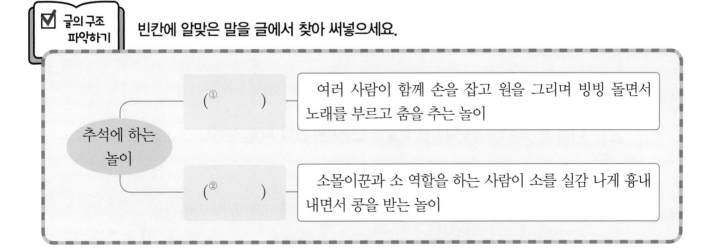

추석에 하는 놀이

(①   ) — 여러 사람이 함께 손을 잡고 원을 그리며 빙빙 돌면서 노래를 부르고 춤을 추는 놀이

(②   ) — 소몰이꾼과 소 역할을 하는 사람이 소를 실감 나게 흉내 내면서 콩을 받는 놀이

조상들의 여름 나기

🌸 공부한 날 　 월 　 일

　옛날에 우리 조상들은 어떤 방법으로 여름을 보냈을까요? 먼저, 가볍고 바람이 잘 통하는 옷감인 마나 ❶모시로 한복을 만들고, 한복의 소매는 넓고 헐렁하게 만들었어요. 그래서 더운 여름에도 편안하고 시원하게 옷을 입을 수 있도록 했어요. 또 등나무를 이용해 등토시와 등등거리를 만들었어요. 등나무로 만든 등토시는 더울 때 팔에 끼면 바람이 구멍으로 들어올 수 있었어요. 등등거리 역시 등나무로 만든 조끼인데 옷을 입기 전에 입으면 옷이 땀에 젖어도 피부에 직접 닿지 않게 해 주었어요.

　조상들은 죽부인이나 부채 등의 도구를 이용하여 여름철 더위를 식혔어요. 죽부인은 더위를 식힐 수 있는 도구로, 오늘날까지도 이용하고 있어요. 죽부인은 대나무로 길고 둥글게 만든 것인데, 더울 때 안고 있으면 시원하답니다. 부채는 오늘날에도 사람들이 많이 이용하지만 선풍기나 에어컨이 없었던 옛날에는 없어서는 안 될 여름철 생활 도구였어요. 부채는 시원한 바람을 일으킬 뿐만 아니라 외출할 때 햇빛을 가리는 역할도 했지요.

　우리 조상들은 여름철 더위를 피하기 위해서 낮에는 ❷대청마루에서 시원한 바람을 맞으며 쉬기도 했어요. 모기가 많은 여름밤에는 ❸모깃불을 피워 모기와 ❹해충을 쫓았지요. 또 냉면이나 냉국, 수박과 참외 등 시원한 음식과 과일을 먹으면서 몸의 열을 식히며 여름철에도 건강을 지키기 위해 노력했어요.

> **낱말 풀이**
>
> ❶ **모시**: 실로 짠 희고 얇은 여름 옷감.
> ❷ **대청마루**: 한옥에서 방과 방 사이에 있는 큰 마루.
> ❸ **모깃불**: 모기를 쫓으려고 풀 등을 태워서 연기를 내는 불.
> ❹ **해충**: 사람에게 해를 끼치는 벌레.

어휘 문제

1　다음 낱말과 그 뜻을 알맞게 선으로 이으세요.

241020-0133

(1) 해충 ・　　・① 사람에게 해를 끼치는 벌레.

(2) 모깃불 ・　　・② 모기를 쫓으려고 풀 등을 태워서 연기를 내는 불.

2　다음 문장의 빈칸에 알맞은 낱말을 보기에서 골라 써넣으세요.

241020-0134

> **보기**　부채, 죽부인, 대청마루

(1) 우리 가족은 한옥의 시원한 (　　　　　)에서 수박을 먹었다.
(2) 할머니께서는 한여름밤 더위를 식히기 위해 (　　　　　)을/를 안고 주무신다.

주제 확인
1 이 글의 중심 내용으로 알맞은 것은 무엇인가요? ( )

241020-0135

① 겨울나기   ② 여름 나기   ③ 해충 쫓기
④ 부채질 하기   ⑤ 한복 만들기

내용 이해
2 이 글의 내용으로 알맞은 것에 <u>모두</u> ○표를 하세요.

241020-0136

(1) 조상들은 선풍기와 에어컨을 사용하여 더위를 식혔다.   ( )
(2) 조상들은 시원한 음식과 과일을 먹으며 더위를 식혔다.   ( )
(3) 조상들은 바람이 잘 통하는 옷감으로 옷을 만들어 입었다.   ( )

적용
3 다음 중 등등거리에 해당하는 것에 ○표를 하세요.

241020-0137

(1) 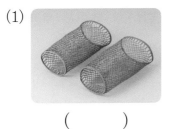   (2) 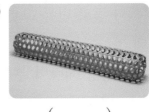   (3)

( )   ( )   ( )

추론
4 조상들이 더위를 식힌 방법을 생각하며 빈칸에 알맞은 말을 글에서 찾아 써넣으세요.

241020-0138

| • 마나 모시로 만든 한복을 입었다.
• 소매를 넓고 헐렁하게 만들어 입었다.
• 등토시를 끼고 등등거리를 입었다. | ➡ | 우리 조상들은 옷을 만들거나 입을 때 ( )을 잘 통하게 해서 더위를 식혔다. |

 글의 구조 파악하기 빈칸에 알맞은 말을 글에서 찾아 써넣으세요.

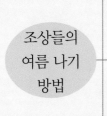

조상들의 여름 나기 방법

옷
• 바람이 잘 통하는 (①)나 모시로 한복을 만든다.
• 등토시, 등등거리를 만들어 입는다.

생활 도구
• 대나무로 만든 죽부인을 안고 있다.
• (②)로 시원한 바람을 일으키거나 햇빛을 가린다.

생활 모습
• (③)을 피워 해충을 쫓는다.
• 시원한 음식과 과일을 먹는다.

조상들의 겨울나기

🏵 공부한 날   월   일

전기 난로나 오리털 점퍼가 없었던 옛날, 우리 조상들은 찬바람이 쌩쌩 부는 추운 겨울을 어떤 방법으로 지냈을까요? 조상들은 겨울옷을 만들 때 옷감의 간격을 ❶촘촘하게 해서 찬 바람이 들어오지 않도록 하거나 옷을 여러 벌 겹쳐 입어서 추위를 막았어요. 또 옷감 안에 솜을 넣어 꿰매거나 옷감에 동물의 가죽이나 털을 붙여서 체온을 ❷유지할 수 있게 했지요. 동물의 털과 가죽으로 만든 모자를 쓰거나 발에 신는 버선이나 팔에 끼는 토시에도 솜을 넣었어요.

추운 겨울날, 창문에 ❸뽁뽁이를 붙여 본 적이 있나요? 조상들은 문에 뽁뽁이 대신 창호지를 여러 겹 발라서 찬 바람이 들어오는 것을 막고, 따뜻한 공기가 밖으로 빠져나가는 것을 막았어요. 또한 전기 장판이나 가스 보일러 대신 온돌과 화로를 사용해서 집 안을 따뜻하게 했어요. 온돌은 아궁이에 불을 때서 돌로 된 바닥을 따뜻하게 해 주는 난방 장치예요. 바닥이 따뜻해지면 방 안의 공기도 함께 따뜻해졌어요. 화로는 무쇠나 돌로 만든 그릇에 숯불을 담아서 불씨를 보관하거나 음식을 데우고 끓이는 용도로 사용했는데 겨울에는 훌륭한 난방 기구 역할을 했지요.

추운 겨울에는 농사를 짓기 어려워서 항상 식량이 부족했어요. 그래서 조상들은 여러 가지 방법으로 겨울에 먹을 식량을 저장했는데, 대표적인 방법이 김장이에요. 김장은 배추나 무를 소금에 ❹절여 김치로 만들어 오래 보관할 수 있도록 만든 거예요. 또한 미리 여러 가지 나물이나 생선을 잘 말려서 준비했다가 식재료를 구하기 힘든 겨울에 꺼내 먹었어요.

낱말 풀이

❶ **촘촘하게**: 틈이나 간격이 매우 좁거나 작게.
❷ **유지할**: 어떤 상태나 상황 등을 변함없이 그대로 이어 나갈.

❸ **뽁뽁이**: 작은 공기주머니가 올록볼록하게 되어 있는 포장용 비닐.
❹ **절여**: 재료에 소금, 식초, 설탕 등이 배어들게 하여.

어휘 문제

1 다음 문장에 알맞은 낱말을 골라 ○표를 하세요.

241020-0139

(1) 이 옷은 바느질이 (촘촘하게 , 엉성하게) 되어 있어서 튼튼하다.

(2) 상하기 쉬운 음식은 소금에 (저려서 , 절여서) 두면 오래 보관할 수 있다.

2 첫소리를 보고 주어진 뜻에 알맞은 낱말을 쓰세요.

241020-0140

(1) ㅇ ㅈ | 어떤 상태나 상황 등을 변함없이 그대로 이어 나감. | (   )

(2) ㅃ ㅃ ㅇ | 작은 공기주머니가 올록볼록하게 되어 있는 포장용 비닐. | (   )

주제 확인

1

241020-0141

이 글에서 설명하고 있는 내용으로 알맞은 것에 ○표를 하세요.

(1) 조상들이 더위를 피한 방법   (   )

(2) 조상들이 추위를 피한 방법   (   )

(3) 조상들이 동물을 사냥한 방법   (   )

내용 이해

2

241020-0142

조상들이 겨울에 사용했던 물건이 알맞게 짝 지어진 것은 무엇인가요? (   )

① 뽁뽁이, 온돌   ② 화로, 창호지   ③ 오리털 점퍼, 온돌

④ 화로, 가스 보일러   ⑤ 전기 난로, 뽁뽁이

적용

3

241020-0143

옛날에 사용했던 물건과 오늘날에 사용하는 물건을 관련 있는 것끼리 선으로 이으세요.

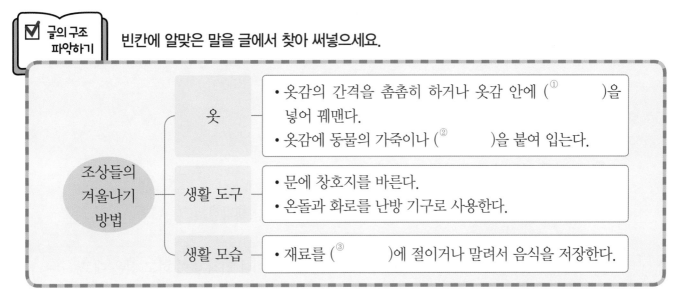

(1) 화로   (2) 창호지   (3) 솜을 넣은 옷

① 전기 난로   ② 오리털 점퍼   ③ 뽁뽁이

추론

4

241020-0144

조상들이 김장을 한 까닭으로 알맞은 것에 ○표를 하세요.

(1) 겨울에 채소를 오래 저장해 두고 먹을 수 있기 때문이다.   (   )

(2) 김치를 먹으면 몸에 열이 나서 체온을 유지할 수 있기 때문이다.   (   )

☑ **글의 구조 파악하기**   빈칸에 알맞은 말을 글에서 찾아 써넣으세요.

조상들의 겨울나기 방법	옷	• 옷감의 간격을 촘촘히 하거나 옷감 안에 (①)을 넣어 꿰맨다. • 옷감에 동물의 가죽이나 (②)을 붙여 입는다.
	생활 도구	• 문에 창호지를 바른다. • 온돌과 화로를 난방 기구로 사용한다.
	생활 모습	• 재료를 (③)에 절이거나 말려서 음식을 저장한다.

길이의 단위 cm

　문화 센터에서 옷 만들기를 배운 엄마께서 윤아의 옷을 만들어 주기로 하셨어요. 먼저 윤아의 팔 길이를 언니의 ❶뼘으로 재었더니 4뼘이 나왔어요. 그리고 엄마께서는 엄마의 뼘을 이용해 4뼘으로 옷을 만드셨어요. ㉠그런데 엄마께서 만든 옷이 윤아에게 너무 컸어요. 이유가 무엇이었을까요? 그것은 언니와 엄마의 뼘의 길이가 서로 다르기 때문이겠지요? 언니의 뼘으로 윤아의 팔 길이를 쟀으니까 옷을 ❷재단할 때도 언니의 뼘으로 길이를 재었어야 해요. 이처럼 뼘으로 길이를 재면 사람마다 길이가 다르고, 정확한 길이를 알 수도 없어요. 이런 불편함을 없애기 위해서 만들어진 것이 표준 단위인 1cm예요. 1cm는 '1센티미터'라고 읽어요.

　뼘과 같이 ❸임의로 정한 단위로 길이를 재면 재는 사람에 따라 길이가 달라지고 정확한 길이도 알 수 없어요. 이럴 때는 자가 있으면 편리하게 길이를 잴 수 있지요. 자를 이용하여 물건의 길이를 잴 때는 물건의 한쪽 끝을 자의 눈금 '0'에 맞춘 후 다른 쪽 끝에 있는 자의 눈금을 읽어요. 예를 들어, 연필의 한쪽 끝을 자의 눈금 '0'에 맞추었을 때 다른 쪽 끝이 자의 눈금 '7'을 가리키면 연필의 길이는 7cm예요. 물건의 길이가 눈금과 눈금 사이에 있을 때는 눈금 가까이에 있는 쪽의 숫자를 읽고, 숫자 앞에 '약'을 붙여 말해요. 이처럼 숫자 앞에 '약'을 붙일 때에는 정확한 길이가 아니라 ❹어림한 길이를 말하고 있는 거예요.

낱말 풀이

❶ 뼘: 손가락을 힘껏 벌렸을 때 엄지손가락에서부터 새끼손가락까지의 거리.
❷ 재단할: 재료를 일정한 모양이나 크기로 자를.

❸ 임의로: 일정한 기준이나 원칙 없이 하고 싶은 대로.
❹ 어림한: 짐작하여 대강 생각한.

🌲 어휘 문제

1 다음 뜻을 가진 낱말을 글에서 찾아 쓰세요.

241020-0145

> 손가락을 힘껏 벌렸을 때 엄지손가락에서부터 새끼손가락까지의 거리.

(　　　　　　　　　　　　)

2 다음 낱말과 그 뜻을 알맞게 선으로 이으세요.

241020-0146

(1) 임의로　・　　　　・① 짐작하여 대강 생각한.

(2) 어림한　・　　　　・② 일정한 기준이나 원칙 없이 하고 싶은 대로.

1 **주제 확인**

이 글의 중심 낱말은 무엇인가요? (   )

241020-0147

① 옷   ② 자   ③ 어림   ④ 길이   ⑤ 연필

2 **내용 이해**

㉠의 까닭으로 알맞은 것은 무엇인가요? (   )

241020-0148

① 엄마께서 일부러 크게 만드셨기 때문에

② 언니의 뼘이 엄마의 뼘보다 길었기 때문에

③ 언니와 엄마의 뼘의 길이가 달랐기 때문에

④ 엄마께서 자를 이용하여 팔 길이를 재셨기 때문에

⑤ 엄마께서 윤아의 뼘으로 팔 길이를 재셨기 때문에

3 **적용**

길이 재기가 <u>잘못된</u> 것을 찾아 ×표를 하고, <u>잘못된</u> 까닭을 빈칸에 알맞게 쓰세요.

241020-0149

(1) 4cm

0 1 2 3 4 5 6 7 8 9 10 cm   (   )

(2) 2cm

0 1 2 3 4 5 6 7 8 9 10 cm   (   )

(3) 잘못된 까닭: 길이를 잴 때 물건의 한 쪽 끝을 자의 눈금 '(   )'에 맞추지 않았기 때문이다.

4 **추론**

1cm를 어림한 길이로 가장 알맞은 것에 ○표를 하세요.

241020-0150

(1) 언니의 팔 길이   (   )

(2) 윤아 옷에 달린 단추의 길이   (   )

(3) 엄마가 가지고 있는 가위의 길이   (   )

☑ **글의 구조 파악하기**   빈칸에 알맞은 말을 글에서 찾아 써넣으세요.

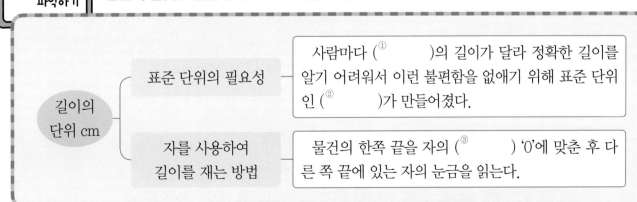

길이의 단위 cm

표준 단위의 필요성 — 사람마다 (①   )의 길이가 달라 정확한 길이를 알기 어려워서 이런 불편함을 없애기 위해 표준 단위인 (②   )가 만들어졌다.

자를 사용하여 길이를 재는 방법 — 물건의 한쪽 끝을 자의 (③   ) '0'에 맞춘 후 다른 쪽 끝에 있는 자의 눈금을 읽는다.

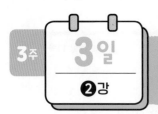

더운 여름이 지나고 바람이 ❶산들산들 부는 가을이 되었어요. 준영이는 봄에 입었던 바지를 꺼내 입었어요. 그런데 바지가 너무 짧았어요.

"아빠, 바지가 너무 짧아요." / "준영이 키가 봄보다 많이 컸구나. 얼마나 컸는지 재어 볼까?" / "마지막으로 잰 키가 130cm예요. 지금은 몇 cm예요?" / "우아! 135cm네. 봄보다 키가 5cm나 컸어. 콩나물처럼 쑥쑥 잘 크는구나."

준영이는 키가 많이 커서 기분이 좋았어요. 그리고 키가 큰 만큼 ❷지식도 ❸늘었다는 것을 아빠께 보여 드리고 싶었어요.

"1m는 100cm와 같으니까 135cm는 1m 35cm죠?" / "그래, 맞아. cm는 '센티미터'라고 읽었는데 m는 어떻게 읽는지 아니?" / "네, m는 '미터'라고 읽어요. 그런데 m보다 더 큰 길이의 ❹단위도 있나요?" / "그럼. m보다 더 큰 단위로 km가 있어."

아빠는 집 근처 옷 가게에서 준영이 마음에 쏙 드는 바지를 사 주셨어요. 집으로 돌아가는 길에 준영이는 아빠께 궁금한 것을 질문했어요.

"아빠는 키가 몇 cm세요?" / "아빠 키는 182cm란다."

준영이는 아빠와 자신의 키가 얼마나 차이 나는지 궁금해졌어요.

"아빠와 제 키의 차이를 구하려면 어떻게 해야 하나요?" / "우리 둘의 키 차이를 구하려면 길이의 차를 구하면 되는데, 길이의 차는 같은 단위의 숫자끼리 빼서 구한단다." / "음, 그럼 제 키는 1m 35cm, 아빠 키는 1m 82cm니까 키 차이는 47cm가 되겠네요."

낱말 풀이

❶ **산들산들**: 바람이 시원하고 부드럽게 자꾸 부는 모양.
❷ **지식**: 무엇에 대해 배우거나 직접 경험하여 알게 된 내용.
❸ **늘었다는**: 재주나 능력이 나아졌다는.
❹ **단위**: 길이, 무게 등을 수로 나타낼 때 기초가 되는 기준.

어휘 문제

1 첫소리를 보고 주어진 뜻에 알맞은 낱말을 쓰세요.

241020-0151

(1) ㅈ ㅅ ── 무엇에 대해 배우거나 직접 경험하여 알게 된 내용. ( )

(2) ㄷ ㅇ ── 길이, 무게 등을 수로 나타낼 때 기초가 되는 기준. ( )

2 다음 문장에 알맞은 낱말을 골라 ○표를 하세요.

241020-0152

(1) 봄바람이 (산들산들 , 시들시들) 불어 와 코끝을 간질였다.
(2) 리코더 연습을 매일 했더니 연주 실력이 (늘었다 , 줄었다).

1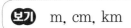
241020-0153

준영이와 아빠는 무엇에 대해 이야기를 나누고 있나요? (   )

① 바지의 가격   ② 바지의 길이   ③ 들이의 단위
④ 길이의 단위   ⑤ 무게의 단위

2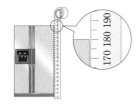
241020-0154

다음 **보기**의 단위를 작은 것부터 순서대로 쓰세요.

보기   m, cm, km   (   ) → (   ) → (   )

3
241020-0155

다음 냉장고의 길이는 얼마인지 <u>두 가지</u> 방법으로 쓰세요.

(1) ☐ cm

(2) ☐ m ☐ cm

4
241020-0156

다음 문장에 알맞은 길이를 **보기**에서 골라 써넣으세요.

보기   17cm, 3m 50cm

(1) 필통의 길이는 약 (   )이다.
(2) 전봇대의 높이는 약 (   )이다.

 글의 구조 파악하기   빈칸에 알맞은 말을 글에서 찾아 써넣으세요.

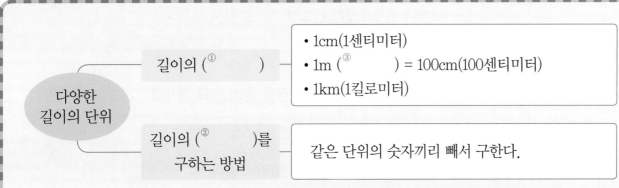

다양한 길이의 단위

길이의 (① _____) ─ • 1cm(1센티미터)
• 1m(③ _____) = 100cm(100센티미터)
• 1km(1킬로미터)

길이의 (② _____)를 구하는 방법 ─ 같은 단위의 숫자끼리 빼서 구한다.

옛날과 오늘날의 전화

공부한 날　　월　　일

　우리는 다른 사람에게 ❶정보나 중요한 ❷소식을 전할 때 다양한 종류의 ❸통신 수단을 사용해요. 편지를 쓸 수도 있고, 컴퓨터로 전자 우편을 보낼 수도 있어요. 그중에서 가장 손쉽고 편리하게 사용하는 것이 전화예요. 우리나라의 전화기는 1896년 덕수궁에서 처음으로 사용되었어요. 예전에는 전화기를 '전어기'나 '덕률풍'으로 불렀어요.

　과거에는 전화기가 귀하고 비싸서 마을에 유선 전화기 한 대를 놓고 함께 사용했어요. 유선 전화기란 전화기 본체와 수화기 사이에 선이 달려 있는 것을 말해요. 또 전화기가 발명된 초기에는 지금은 사라진 직업인 ㉠'교환원'이 있었어요. 전화를 걸면 교환원이 먼저 받아서 전화를 받는 사람에게 연결해 주어야 통화를 할 수 있었어요. 통신 수단이 점점 발달하면서 집집마다 유선 전화를 한 대씩 놓고 사용할 수 있게 되었어요. 이후 선이 없는 무선 전화, 밖에서 이동하면서 가지고 다닐 수 있는 휴대 전화, 다양한 기능을 사용할 수 있는 스마트폰도 기술의 발전에 따라 생겨났어요.

　전화기의 발달로 사람들은 빠르게 소식을 전할 수 있게 되었고, 목소리뿐 아니라 서로 얼굴을 보며 통화할 수 있게 되었어요. 또한 스마트폰의 등장으로 언제 어디서든 많은 양의 정보를 빠르게 ❹검색하고 편리하게 전달할 수 있게 되었지요. 스마트폰을 이용한 영화 보기, 음악 듣기, 음식 주문 등으로 우리의 일상생활은 더욱 재미있고 편리해졌어요.

낱말 풀이

❶ **정보**: 어떤 사실이나 현상을 관찰하거나 측정하여 모은 자료를 정리한 지식.
❷ **소식**: 멀리 떨어져 있는 사람의 사정을 알리는 말이나 글.
❸ **통신 수단**: 소식이나 정보를 전달하기 위해 이용하는 방법이나 도구.
❹ **검색하고**: 책이나 컴퓨터에서 필요한 자료를 찾아 내고.

어휘 문제

1 첫소리를 보고 주어진 뜻에 알맞은 낱말을 쓰세요.
241020-0157

(1) ㅈ ㅂ ｜ 어떤 사실이나 현상을 관찰하거나 측정하여 모은 자료를 정리한 지식. 　　（　　　　）

(2) ㄱ ㅅ ｜ 책이나 컴퓨터에서 필요한 자료를 찾아 내는 것. 　　（　　　　）

2 밑줄 친 말이 보기와 다른 뜻으로 쓰인 문장을 골라 ○표 하세요.
241020-0158

> 보기　소식: 멀리 떨어져 있는 사람의 사정을 알리는 말이나 글.

(1) 오랫동안 소식이 끊긴 친구에게서 연락이 왔다. 　　（　　　　）
(2) 어머니께서는 건강을 위해서 소식을 하신다. 　　（　　　　）

주제 확인

1 이 글에서 설명하는 대상은 무엇인지 빈칸에 알맞은 말을 글에서 찾아 써넣으세요.

241020-0159

> 이 글은 통신 수단 가운데에서 ( )에 대해 설명하고 있다.

내용 이해

2 이 글의 내용과 다른 것에 ✕표를 하세요.

241020-0160

(1) 전화기는 덕수궁에서 처음으로 사용되었다. ( )

(2) 스마트폰의 발달로 우리 생활은 더욱 재미있고 편리해졌다. ( )

(3) 점점 기술이 발전하면서 무선 전화에서 유선 전화로 바뀌어 갔다. ( )

적용

3 다음 그림을 보고, 전화기가 발달해 온 순서대로 기호를 쓰세요.

241020-0161

㉮  ㉯  ㉰  ㉱

( ) → ( ) → ( ) → ( )

추론

4 이 글을 읽고 ㉠에 대해 잘 이해하고 있는 친구의 이름을 쓰세요.

241020-0162

> 라희: 스마트폰의 기능이 점점 더 많아질수록 교환원이 해야 할 일도 더 많아지고 있어.
> 시환: 지금은 사라진 직업이래. 교환원을 보고 직업이 사라질 수도 있다는 것을 알게 되었어.
> 지용: 많은 양의 정보를 빠르게 검색할 때는 교환원의 도움을 받으면 문제를 쉽게 해결할 수 있어.

( )

 글의 구조 파악하기 빈칸에 알맞은 말을 글에서 찾아 써넣으세요.

옛날과 오늘날의 전화

과거
- 덕수궁에서 처음으로 사용되었고, '전어기'나 '(①)'으로 불렸다.
- 과거에는 전화기가 비싸고 귀했고, 전화를 연결해 주는 직업인 (②)도 있었다.

현재 — 유선 전화, 무선 전화, 휴대 전화, (③)으로 발달했다.

스마트폰의 올바른 사용법

😊 공부한 날   월   일

스마트폰은 이제 생활에 없어서는 안 될 중요한 도구가 되었어요. 이러한 발달로 우리 생활이 빠르고 편리해졌지만 올바른 사용법을 배우지 않으면 문제가 발생할 수도 있어요. 그래서 스마트폰을 사용하는 사람들은 책임 있고 안전한 사용법을 꼭 알아 두어야 해요.

먼저, 스마트폰 사용 시간을 적절히 관리하는 것이 중요해요. 스마트폰을 오래 사용하면 눈이 나빠지고, 몸에 ❶무리가 오거나 학교생활에도 영향을 받을 수 있어요. 또한 스마트폰에만 집중하다 보면 소중한 친구들과의 대화나 신체 활동 시간이 줄어들 수 있어요. 따라서 사용 시간을 적절하게 관리해야 해요.

둘째, 올바른 ❷콘텐츠 활용이 매우 중요해요. 인터넷은 ❸유익한 정보와 함께 적절하지 않은 ❹유해한 콘텐츠도 많아서 주의가 필요해요. 학생들은 항상 안전하고 유익한 앱과 누리집을 선택하도록 노력해야 하고, 부모님과 함께 적절한 콘텐츠를 찾아보는 것도 좋아요.

셋째, 개인 정보 보호에 항상 주의해야 해요. 스마트폰으로 낯선 사람들과 개인 정보를 절대로 함께 나누면 안 돼요. 만약 스마트폰을 사용하다가 개인 정보가 새어 나간 것을 알게 되면 바로 부모님이나 선생님께 말씀드려야 해요.

넷째, 스마트폰을 사용할 때는 안전한 장소에서 사용해야 해요. 길을 걷거나 자전거를 타면서 스마트폰을 사용하면 큰 사고가 발생할 수 있어요. 따라서 스마트폰 사용은 안전하고 적절한 장소에서 이루어져야 해요.

낱말 풀이

❶ **무리**: 상식에서 벗어나게 정도가 지나침.
❷ **콘텐츠**: 인터넷이나 컴퓨터 통신 등을 통하여 제공되는 각종 정보나 그 내용물.
❸ **유익한**: 이롭거나 도움이 될 만한 것이 있는.
❹ **유해한**: 해로움이 있는.

어휘 문제

1 첫소리를 보고 주어진 뜻에 알맞은 낱말을 쓰세요.

241020-0163

(1) ㅇ ㅇ ─ 이롭거나 도움이 될 만한 것이 있음.   (   )

(2) ㅇ ㅎ ─ 해로움이 있음.   (   )

2 밑줄 친 말이 **보기**와 같은 뜻으로 쓰인 문장을 골라 ○표를 하세요.

241020-0164

보기   무리: 상식에서 벗어나게 정도가 지나침.

(1) 밤하늘에 별들이 무리를 지어 반짝이고 있었다.   (   )
(2) 어제 자전거를 너무 오래 타서 몸에 무리가 왔다.   (   )

주제 확인

1 빈칸에 알맞은 말을 글에서 찾아 써넣으세요.

241020-0165

> 이 글은 스마트폰의 올바른 (   )에 대해 설명하고 있다.

내용 이해

2 스마트폰을 잘못 사용했을 때의 문제점으로 알맞지 <u>않은</u> 것은 무엇인가요? (   )

241020-0166

① 눈 건강이 나빠질 수 있다.　　　　② 친구들과의 대화가 줄어들 수 있다.

③ 유익한 콘텐츠를 이용할 수 있다.　　④ 길에서 사용하다가 사고가 날 수 있다.

⑤ 개인 정보가 다른 사람에게 알려질 수 있다.

적용

3 스마트폰을 가장 바르게 사용하고 있는 친구를 찾아 ○표를 하세요.

241020-0167

(1) 스마트폰으로 온종일 게임을 하는 예준　　　　　　　(　)

(2) 다른 사람에게 상처를 주는 댓글을 쓰는 아영　　　　(　)

(3) 시간 설정을 해 두고 정해진 시간만 사용하는 지율　　(　)

추론

4 다음 그림에서 전달하고자 하는 내용으로 알맞은 것을 골라 기호를 쓰세요.

241020-0168

㉮ 개인 정보를 보호하자.
㉯ 부모님과 함께 유익한 앱을 찾아보자.
㉰ 안전한 장소에서 스마트폰을 사용하자.
㉱ 스마트폰 사용 시간을 적절하게 관리하자.

(   )

☑ **글의 구조 파악하기** 　빈칸에 알맞은 말을 글에서 찾아 써넣으세요.

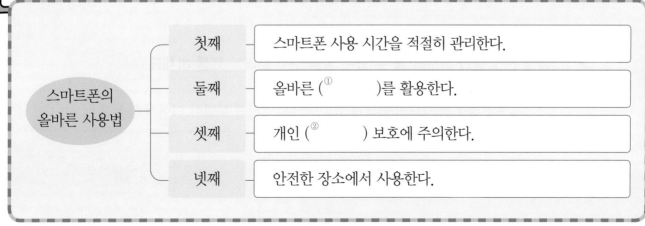

스마트폰의 올바른 사용법	첫째	스마트폰 사용 시간을 적절히 관리한다.
	둘째	올바른 (① 　　　)를 활용한다.
	셋째	개인 (② 　　　) 보호에 주의한다.
	넷째	안전한 장소에서 사용한다.

우리 고장의 지명

여러분이 살고 있는 고장의 이름을 알고 있나요? 우리가 살고 있는 마을이나 그 주변의 산이나 강에 붙여진 이름을 ❶'지명'이라고 해요. 그렇다면 지명은 어떻게 붙여진 것일까요?

고장의 이름을 보면 그곳의 자연환경을 ❷짐작해 볼 수 있어요. 경기도 부천에 있는 '솔안골'이나 '복사골'이라는 지명은 옛날에 그 마을에 소나무와 복숭아 나무가 많았다는 것을 뜻해요. 경기도 양평의 '두물머리'라는 지명은 남한강과 북한강이 합쳐지는 곳으로, 두 물이 합쳐지는 곳이라는 뜻을 가지고 있어요.

동물의 모습을 닮아서 생긴 지명도 있어요. 제주도에는 용의 머리를 닮은 바위인 '용두암'이 있어요. 전라북도 진안에 있는 산은 ❸산봉우리의 모습이 마치 말의 귀를 닮았다고 해서 '마이산'이라고 불려요. 울릉도에 있는 한 바위는 오랜 시간에 걸쳐 바람과 파도에 깎인 모습이 물속에 코를 박고 있는 코끼리 모습과 비슷하여 '코끼리 바위'라고 불리지요.

마을에 살았던 유명한 인물과 관련된 지명도 있어요. 경기도 고양시의 '효자동'은 조선 시대 ❹이름난 효자였던 박태성의 무덤이 있어서 붙여진 이름이래요. 또 서울에 있는 '율곡로'는 옛날에 율곡 이이가 이 주변에서 살았다고 하여 붙여졌다고 해요. 이처럼 고장의 이름을 잘 살펴보면 그곳의 자연환경이나 마을에 살았던 유명한 인물에 대해서도 알 수 있어요.

낱말 풀이

❶ **지명**: 어떤 마을이나 장소의 이름.
❷ **짐작해**: 사정이나 형편 등을 어림잡아 헤아려.
❸ **산봉우리**: 산에서 뾰족하게 높이 솟은 부분.
❹ **이름난**: 세상에 명성이 널리 알려진.

어휘 문제

1 첫소리를 보고 주어진 뜻에 알맞은 낱말을 쓰세요.

241020-0169

(1) ㅈㅁ ─ 어떤 마을이나 장소의 이름. (   )

(2) ㅈㅈ ─ 사정이나 형편 등을 어림잡아 헤아림. (   )

2 밑줄 친 낱말과 바꾸어 쓸 수 있는 말을 <u>모두</u> 골라 ○표를 하세요.

241020-0170

'효자동'은 조선 시대의 <u>이름난</u> 효자였던 박태성의 무덤이 있어서 붙여진 이름이다.

(1) 널리 알려진 (2) 유명한 (3) 아름다운

(   )   (   )   (   )

주제 확인

1 빈칸에 알맞은 말을 글에서 찾아 써넣으세요.

241020-0171

이 글은 우리가 사는 마을이나 그 주변의 산이나 강에 붙여진 이름인 (   )
에 대해 설명하고 있다.

내용 이해

2 고장의 자연환경을 짐작할 수 있는 이름으로 알맞은 것을 <u>두 가지</u> 고르세요. (,   )

241020-0172

① 효자동　　　　② 복사골　　　　③ 율곡로
④ 두물머리　　　　⑤ 경기도

적용

3 다음 중 '용두암'의 모습으로 알맞은 것의 기호를 쓰세요.

241020-0173

㉮ 　　㉯ 　　㉰

(   )

추론

4 가은이가 사는 곳의 이름이 붙여진 까닭으로 알맞은 것에 ○표를 하세요.

241020-0174

가은: 내가 사는 고장 남원에는 '춘향로'라는 도로가 있어. '춘향'은 옛날 소설에 나오는 주인공
이름이야. 그리고 매년 '춘향제'라는 축제도 열려.

(1) 사는 곳의 자연환경을 담고 있는 이름이다. (   )
(2) 옛날 사람들의 생활 모습과 관련된 이름이다. (   )
(3) 마을에 전해 내려오는 유명한 인물과 관련된 이름이다. (   )

 글의 구조 파악하기　빈칸에 알맞은 말을 글에서 찾아 써넣으세요.

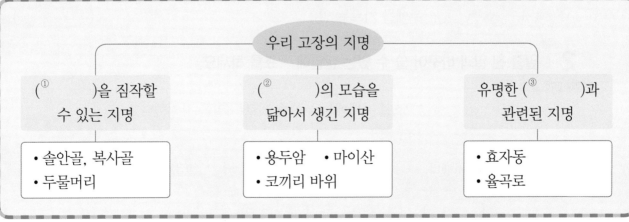

우리 고장의 지명

(① 　　　)을 짐작할 수 있는 지명 / (② 　　　)의 모습을 닮아서 생긴 지명 / 유명한 (③ 　　　)과 관련된 지명

• 솔안골, 복사골　• 두물머리
• 용두암　• 마이산　• 코끼리 바위
• 효자동　• 율곡로

서울의 여러 가지 지명

　서울의 '마포', '영등포', '노량진', '한강진'과 같은 지명을 들어 본 적이 있나요? 이런 지역들은 강이나 바다 근처에 위치한 곳으로, '포'나 '진'이라는 지명에 그 뜻이 담겨 있어요. 옛날에는 이런 지역들이 ❶나루터로 사용되었어요. 예를 들어, '마포나루'는 한강의 뱃길을 통해 각 지역의 곡식이나 옷감, 소금 등 여러 물건들이 들어오고 나가는 중요한 장소였어요. 그곳에 많은 사람들이 모여 물건을 사고팔았다고 해요.

　'잠실'이라는 지명은 누에를 기르는 곳이라는 뜻을 가지고 있어요. 누에는 뽕나무 잎을 먹고 자라서 누에고치가 되는데, 누에고치에서 비단이라는 옷감을 얻을 수 있었어요. 그래서 조선 시대에는 나라에서 누에를 돌보는 지역을 정하고 관리했어요. 지금의 잠실 주변에 뽕나무를 심고 ❷양잠을 ❸장려하기 위해 '누에 잠, 방 실'이라는 뜻의 한자를 합쳐 '잠실'이라는 이름을 지었다고 해요.

　㉠'마장동'은 말과 관련이 있는 지명이에요. 옛날에 이곳은 말을 키우는 양마장이 있던 곳이에요. 마장동은 주변에 하천과 넓은 들판이 있어서 말을 기르기에 알맞은 환경이었어요.

　'묵동'은 마을 사람들이 하던 일과 관련이 있는 지명이에요. 이곳 사람들은 먹을 만드는 일이 많았대요. 처음에는 '먹굴', '먹동'으로 불리다가 나중에는 '묵동'으로 불리게 되었답니다.

　나루터로 ❹번창한 '마포', 누에를 기르던 '잠실', 말을 키우던 '마장동', 먹을 만드는 '묵동'과 같이 고장의 이름을 잘 살펴보면 과거에 어떤 곳이었는지 짐작해 볼 수 있어요.

낱말 풀이

❶ **나루터**: 배가 출발하고 도착하는 자리와 그 주변 공간.
❷ **양잠**: 누에를 기르는 일.
❸ **장려하기**: 좋은 일을 하도록 권하거나 북돋아 주기.
❹ **번창한**: 기세가 크게 일어나 잘 뻗어 나간.

어휘 문제

1 첫소리를 보고 주어진 뜻에 알맞은 낱말을 쓰세요.

241020-0175

(1) ㄴㄹㅌ ── 배가 출발하고 도착하는 자리와 그 주변 공간.　（　　　　）

(2) ㅇㅈ ── 누에를 기르는 일.　（　　　　）

2 밑줄 친 말과 바꾸어 쓸 수 있는 낱말에 ○표를 하세요.

241020-0176

조선 시대에는 누에를 기르는 일을 <u>장려했다.</u>

(1) 금지했다　　　(2) 권했다　　　(3) 무시했다
　（　　　）　　　　　（　　　）　　　　　（　　　）

1 241020-0177

주제 확인

이 글에서 설명하는 내용으로 알맞은 것에 ○표를 하세요.

(1)	서울의 날씨	(2)	서울의 지명	(3)	서울의 문화재
	( )		( )		( )

2 241020-0178

내용 이해

서로 어울리는 내용을 찾아 선으로 이으세요.

(1) 마포   (2) 잠실   (3) 묵동

· · ·

· · ·

① 나루터가 있던 곳   ② 먹을 만들던 곳   ③ 누에를 기르던 곳

3 241020-0179

적용

㉠의 지역에서 볼 수 있었던 모습으로 알맞은 것의 기호를 쓰세요.

㉮   ㉯   ㉰

( )

4 241020-0180

추론

고장의 이름을 보고 옛날 사람들의 생활 모습을 알맞게 짐작한 친구의 이름을 쓰세요.

> 윤진: '노량진'은 '진' 자가 붙은 것을 보니 옛날에 나루터가 있는 곳이었나 봐.
> 정연: '영등포'는 '포' 자가 붙은 것을 보니 옛날에 대포를 만들던 곳이었나 봐.
> 솔이: '묵동'의 예전 이름이 '먹동'이었다는 것을 보니 옛날에 식당이 많았던 곳이었나 봐.

( )

☑ **글의 구조 파악하기**   빈칸에 알맞은 말을 글에서 찾아 써넣으세요.

마포는 (②)로 사용되었던 곳이다.	잠실은 (③)를 기르던 곳이다.

(①   )의 여러 가지 지명

마장동은 양마장이 있던 곳이다.	묵동은 먹을 만들던 곳이다.

❀ 토끼가 당근을 찾을 수 있도록 알맞은 답을 찾아보세요.

4주

어린이 비만

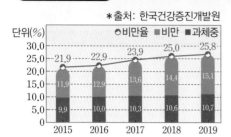

*출처: 한국건강증진개발원

이 그림은 아동·청소년의 비만율을 나타내는 ❶그래프예요. 2015년에 비만율은 21.9%였지만, 2019년에는 25.8%로 늘어났어요. 이는 비만인 아동과 청소년이 점점 많아진다는 뜻이지요.

비만이란 몸을 구성하는 성분 중에서 지방의 양이 지나치게 많은 경우를 말해요. 하지만 눈으로 보았을 때 뚱뚱하다고 해서 반드시 비만은 아니에요. 몸무게가 적게 나가도 지방이 많아서 비만인 사람이 있고, 몸무게가 많이 나가도 지방이 적어서 비만이 아닌 사람도 있어요.

그렇다면 비만의 원인은 무엇일까요? 첫째, 잘못된 식생활 습관이에요. 아침을 ❷거르거나 하루 종일 굶다가 한꺼번에 많은 양을 먹는 습관은 좋지 않아요. 또 피자나 치킨 같은 기름지고 소금이 많이 들어간 음식, 과자나 젤리 같은 설탕이 많이 들어간 음식들은 열량이 높아서 체중 증가에 영향을 줄 수 있어요. 둘째, 신체 활동량이 부족하기 때문이에요. 친구들과 운동장에서 뛰어노는 대신 책상에 앉아 있거나 컴퓨터 게임, 스마트폰을 보며 몸을 움직이지 않는 시간이 늘어났어요.

비만이 되면 몸이 무겁고 체력이 약해져서 일상생활이 힘들어지거나 여러 가지 질병에 걸릴 수 있어요. 또 외모에 자신이 없어져서 자신감이 떨어지거나 성격도 ❸소심하게 바뀔 수 있어요. 따라서 비만을 예방하려면 건강하고 ❹균형 있는 몸을 만들기 위한 생활 습관을 알고 실천하는 것이 중요해요.

낱말 풀이

❶ **그래프**: 여러 가지 자료를 분석하여 그 변화를 한눈에 알아볼 수 있도록 나타내는 직선이나 곡선.

❷ **거르거나**: 차례대로 나아가다가 중간에 어느 순서나 자리를 빼고 넘기거나.

❸ **소심하게**: 겁이 많아 용감하지 못하고 지나치게 조심스럽게.

❹ **균형**: 어느 한쪽으로 기울거나 치우치지 않은 상태.

어휘 문제

1 첫소리를 보고 주어진 뜻에 알맞은 낱말을 쓰세요.

241020-0181

(1) ㄱ ㄹ ㅍ — 여러 가지 자료를 분석하여 그 변화를 한눈에 알아볼 수 있도록 나타내는 직선이나 곡선. (   )

(2) ㄱ ㅎ — 어느 한쪽으로 기울거나 치우치지 않은 상태. (   )

2 다음 문장에 알맞은 낱말을 골라 ○표를 하세요.

241020-0182

철이는 (용감 , 소심)해서 친구들 앞에서 발표하는 것을 어려워한다.

1 **주제 확인**

241020-0183

빈칸에 공통으로 들어갈 말을 글에서 찾아 쓰세요.

이 글은 (   )의 뜻과 원인, (   )으로 생기는 문제점에 대해 설명하고 있다.

(   )

2 **내용 이해**

241020-0184

이 글의 내용으로 알맞은 것은 무엇인가요? (   )

① 뚱뚱하면 무조건 비만이다.

② 아동과 청소년의 비만율이 늘어나고 있다.

③ 신체 활동량이 많아지면 비만이 되기 쉽다.

④ 비만은 몸에 단백질이 지나치게 많은 경우이다.

⑤ 아침을 굶는 습관을 가지면 비만을 예방할 수 있다.

3 **적용**

241020-0185

다음 중 건강한 식습관을 가진 친구의 이름을 쓰세요.

하나: 나는 아침과 점심은 매일 거르고 저녁을 많이 먹어.

연우: 나는 식사 중간중간 배고플 때 달콤한 간식을 꼭 챙겨 먹어.

세미: 나는 간식으로 기름진 음식보다는 과일이나 삶은 고구마를 먹어.

(   )

4 **추론**

241020-0186

이 글에서 그래프를 보여 준 까닭으로 알맞은 것에 ○표를 하세요.

(1) 글의 길이를 늘리기 위해서   (   )

(2) 글의 내용을 더 어렵고 복잡하게 하기 위해서   (   )

(3) 글의 내용을 더 잘 이해할 수 있도록 하기 위해서   (   )

 글의 구조 파악하기

빈칸에 알맞은 말을 글에서 찾아 써넣으세요.

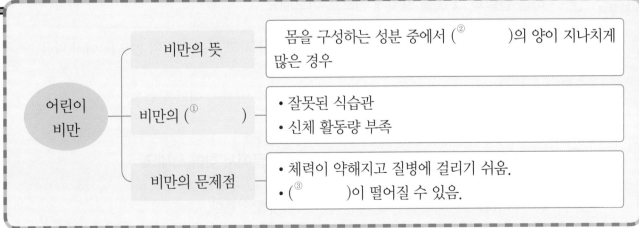

어린이 비만

비만의 뜻 — 몸을 구성하는 성분 중에서 (②   )의 양이 지나치게 많은 경우

비만의 (①   ) — • 잘못된 식습관 • 신체 활동량 부족

비만의 문제점 — • 체력이 약해지고 질병에 걸리기 쉬움. • (③   )이 떨어질 수 있음.

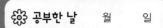 🌸 공부한 날   월   일

비만이 되면 일상생활에서 불편함을 느끼거나 건강에 문제가 생겨서 힘들어질 수 있어요. 건강하고 행복한 삶을 살기 위해서는 비만을 예방하고 건강한 습관을 가지는 것이 중요해요. 그렇다면 비만을 ❶예방하기 위해서 어떻게 해야 할까요?

먼저, 여러 가지 음식을 균형 있게 ❷섭취하는 것이 중요해요. 고기, 채소, 과일 등 음식을 ❸조화롭게 먹으면 몸에 필요한 영양소를 충분히 챙길 수 있어요. 아침 식사는 꼭 챙기고, 음식을 천천히 씹어 먹는 습관을 가져야 해요. 또한, 패스트푸드나 과자같이 짜고 단 음식을 줄이려고 노력해 보세요. 이러한 음식들을 지나치게 많이 섭취하면 살이 찔 수 있기 때문이에요.

둘째, 매일 꾸준히 운동하는 거예요. 시간이 없어서 운동하기 어렵다고요? 시간이 부족하더라도 일상생활에서 간단한 신체 활동을 통해 운동을 할 수 있어요. 아침에 일어나서 간단한 스트레칭을 하거나 승강기 대신 계단을 이용하는 거예요. 텔레비전 시청이나 컴퓨터 사용 시간을 줄이며 가족과 함께 산책하는 것도 좋은 방법이에요. 틈틈이 방 청소도 하고 빨래 널기 등 집안일을 돕는 것은 건강도 돌보고 부모님께 효도도 할 수 있는 ㉠❹일석이조의 방법이에요. 학교에서도 점심시간 후 잠깐이라도 운동장에 나가서 가볍게 움직이면 소화도 더 잘돼요.

셋째, 잠을 충분히 자야 해요. '잠이 보약'이라는 말을 들어 봤나요? 잠을 잘 자는 것은 좋은 영양소를 섭취하거나 운동을 하는 것만큼 중요해요. 잠을 충분히 자야 식욕을 불러일으키는 호르몬이 줄어들어 비만으로 이어지지 않아요.

이러한 방법들을 잘 실천해서 비만을 예방하고 건강한 생활 습관을 만들어 나가기로 약속해요.

낱말 풀이

❶ **예방하기**: 병이나 사고 등이 생기지 않도록 미리 막기.
❷ **섭취하는**: 생물체가 영양분 등을 몸속으로 받아들이는.
❸ **조화롭게**: 서로 잘 어울리게.
❹ **일석이조**: 돌 한 개를 던져 새 두 마리를 잡는다는 뜻으로, 동시에 두 가지 이익을 얻음.

어휘 문제

1 다음 낱말과 그 뜻을 알맞게 선으로 이으세요.

241020-0187

(1) 예방 •

(2) 일석이조 •

• ① 병이나 사고 등이 생기지 않도록 미리 막음.

• ② 동시에 두 가지 이익을 얻음.

2 첫소리를 보고 주어진 문장에 알맞은 낱말을 글에서 찾아 쓰세요.

241020-0188

사람들은 음식물을 (ㅅ ㅊ)하여 에너지를 얻는다.   (   )

1 주제 확인

이 글의 중심 내용으로 알맞은 것에 ○표를 하세요.

241020-0189

(1) 비만의 원인   (   )

(2) 비만 예방법   (   )

(3) 비만의 문제점   (   )

2 내용 이해

다음 중 건강한 생활 습관으로 볼 수 없는 것은 무엇인가요? (   )

241020-0190

① 잠을 충분히 잔다.   ② 아침 식사를 꼭 한다.

③ 패스트푸드나 과자 섭취를 줄인다.   ④ 승강기 대신 계단을 이용한다.

⑤ 여러 가지 음식을 빠르게 씹어 먹는다.

3 적용

일상생활에서 쉽게 실천할 수 있는 신체 활동을 한 친구의 이름을 쓰세요.

241020-0191

> 인범: 나는 수영장에서 피곤할 정도로 수영을 해.
>
> 지현: 나는 텔레비전을 볼 때 스트레칭을 하면서 봐.
>
> 소라: 나는 일요일마다 일주일치 운동을 한꺼번에 몰아서 해.

(   )

4 추론

㉠의 상황으로 알맞은 것을 골라 기호를 쓰세요.

241020-0192

> ㉮ 시험 결과가 좋지 않을까 봐 걱정하는 상황
>
> ㉯ 시험 기간이라 공부를 해야 하는데 감기에 걸려 버린 상황
>
> ㉰ 시험을 잘 봐서 부모님께서 칭찬해 주시고 용돈도 주신 상황

(   )

글의 구조 파악하기 **빈칸에 알맞은 말을 글에서 찾아 써넣으세요.**

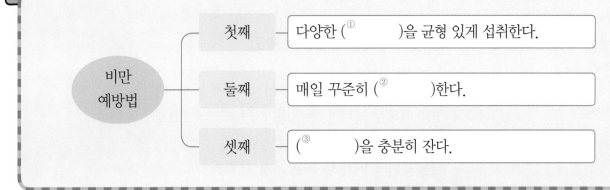

비만 예방법

첫째 — 다양한 (①)을 균형 있게 섭취한다.

둘째 — 매일 꾸준히 (②)한다.

셋째 — (③)을 충분히 잔다.

지구와 달

⚙ 공부한 날   월   일

　이것은 지구와 달의 모습이에요. 지구와 달은 어떤 모양인가요? 지구와 달은 네모나거나 ❶편평하지 않고 둥근 공 모양이에요. 지구에서 바라보는 달의 모습은 날마다 달라지지만, 달도 지구처럼 둥근 공 모양이랍니다. 지구와 달은 또 어떤 공통점이 있을까요? 지구와 달은 모두 돌고 있어요. 지구는 하루에 한 번 돌면서 낮과 밤이 바뀌고, 일 년 동안 태양 주변을 돌면서 계절이 바뀌어요. 달은 지구 주변을 돌면서 동시에 태양 주변을 돌고 있지요. 또 지구와 달의 ❷표면에는 돌이 있어요. 달에는 '크레이터'라고 불리는 ❸충돌 구덩이가 있는데, 이것은 우주를 떠다니는 돌덩이가 달에 충돌하여 만들어진 거예요.

　그렇다면 지구와 달은 어떤 점이 다를까요? 먼저 지구와 달은 표면의 모습이 달라요. 지구에는 산, 강, 사막, 바다, 빙하 등 다양한 모습이 있지만, 달은 매끈매끈한 면과 울퉁불퉁한 면, 밝은 곳과 어두운 곳만 있어요. 달의 표면 중 어두운 부분을 '달의 바다'라고 부르지만 실제로 물이 있는 것은 아니랍니다. 또 지구에는 육지와 바다에 물이 있지만 달에는 물이 없어요. 지구에는 물이 있고, 달에는 물이 없는 것이 두 ❹행성의 큰 차이점이에요. 그리고 지구에는 공기가 있지만 달에는 공기가 없어요. 공기는 동물과 식물이 숨을 쉬면서 살아갈 수 있게 해 주고, 지구를 생물이 살아가기에 적당한 온도로 유지해 줘요. 하지만 달에는 공기가 없어서 낮과 밤의 온도 차가 매우 크고, 생물이 살기 어렵답니다. 이처럼 지구와 달은 서로 비슷한 점도 있지만 다른 점도 있어요.

낱말 풀이

❶ 편평하지: 넓고 평평하지.
❷ 표면: 사물의 가장 바깥쪽. 또는 가장 윗부분.

❸ 충돌: 서로 맞부딪치거나 맞섬.
❹ 행성: 중심 별이 강하게 끌어당기는 힘 때문에 타원형의 궤도를 그리며 중심 별의 주위를 도는 천체.

어휘 문제

1 다음 문장에 알맞은 낱말을 골라 ○표를 하세요.

241020-0193

(1) 바닥이 (편평해야 , 울퉁불퉁해야) 물건이 기우뚱거리지 않는다.

(2) 길 한가운데에서 자동차 두 대가 (충돌 , 유지)하였다.

2 첫소리를 보고 주어진 뜻에 알맞은 낱말을 쓰세요.

241020-0194

| (1) ㅎ ㅅ | 중심 별이 강하게 끌어당기는 힘 때문에 타원형의 궤도를 그리며 중심 별의 주위를 도는 천체. | (　) |
| (2) ㅍ ㅁ | 사물의 가장 바깥쪽. 또는 가장 윗부분. | (　) |

1 주제 확인

241020-0195

빈칸에 알맞은 말을 글에서 찾아 각각 써넣으세요.

이 글은 (   )와/과 (   )의 공통점과 차이점에 대해 설명하고 있다.

2 내용 이해

241020-0196

지구의 특징으로 알맞은 것은 무엇인가요? (   )

① 생명체가 살 수 없다.   ② 네모 모양으로 편평하다.

③ 낮과 밤의 온도 차가 매우 크다.   ④ 하루에 한 번씩 달 주변을 돈다.

⑤ 산, 바다, 사막 등 표면의 모습이 다양하다.

3 적용

241020-0197

지구에 생명체가 살 수 있는 까닭으로 알맞은 것을 <u>두 가지</u> 고르세요. (,   )

① 물이 있기 때문에   ② 공기가 있기 때문에

③ 표면에 돌이 있기 때문에   ④ 둥근 공 모양이기 때문에

⑤ 충돌 구덩이가 있기 때문에

4 추론

241020-0198

달에 다음과 같은 구덩이가 생긴 까닭을 알맞게 추측한 친구의 이름을 쓰세요.

소은: 달에 비가 내려서 생긴 웅덩이야.
현준: 달에 살고 있는 동물이 남긴 발자국이야.
연주: 우주를 떠다니는 돌덩이가 달에 충돌한 자국이야.

(   )

☑ 글의 구조
파악하기

빈칸에 들어갈 알맞은 말을 글에서 찾아 써넣으세요.

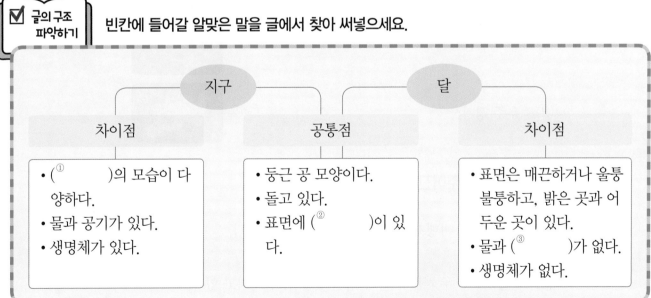

지구		달
차이점	공통점	차이점
• (①)의 모습이 다양하다. • 물과 공기가 있다. • 생명체가 있다.	• 둥근 공 모양이다. • 돌고 있다. • 표면에 (②)이 있다.	• 표면은 매끈하거나 울퉁불퉁하고, 밝은 곳과 어두운 곳이 있다. • 물과 (③)가 없다. • 생명체가 없다.

우주인과 우주 정거장

텔레비전이나 인터넷에서 우주복을 입은 ❶우주인의 모습을 본 적이 있나요? 우주인은 지구에서 다른 행성이나 별을 연구하러 갈 때, 우주선을 타고 우주로 나가는 사람들을 말해요. 그들은 특별한 훈련을 받아 우주에서 생활하고 일할 수 있어요. 세계 최초의 우주인은 옛 소련의 공군 대위인 유리 가가린이에요. 그는 1961년에 보스토크 1호라는 우주선을 타고 세계 최초로 지구를 한 바퀴 돌았어요. 유리 가가린은 우주에서 지구를 본 뒤 "지구는 푸른 빛깔이었다."라는 유명한 말을 남겼어요. 1969년에는 미국의 닐 암스트롱과 버즈 올드린이 아폴로 11호를 타고 세계 최초로 달 ❷착륙에 성공했어요. 이들은 달에 약 21시간 동안 머물면서 암석을 모아 무사히 지구로 돌아왔어요.

우주에는 과학자들이 일하고 연구하는 곳인 ❸우주 정거장이 있어요. 먼저 우주 정거장에서는 여러 가지 과학 실험을 하고, 지구의 날씨와 기후, 바다와 산 등을 관찰하며 지구에 대해 연구해요. 때때로 우주인들은 우주복을 입고 우주 정거장 밖으로 나가 우주를 살펴봐요. 다른 행성이나 별들을 볼 수 있고, 우주에서의 신비로운 경험도 할 수 있지요. 우주 정거장에서 연구한 내용은 지구로 보내 다른 과학자들과 함께 ❹공유해요.

우주인들은 우주 정거장에서 많은 일을 하면서 지구에 도움을 주고 있어요. 그들의 노력 덕분에 우리는 우주에 대해 더 많이 알게 되고, 계속해서 배우고 발전할 수 있는 것이랍니다.

낱말 풀이

❶ **우주인**: 우주를 비행할 수 있도록 훈련을 받은 사람.
❷ **착륙**: 비행기가 공중에서 판판한 곳에 내림.

❸ **우주 정거장**: 우주 비행사나 연구자들이 우주에 머물면서 관측이나 실험을 할 수 있도록 만든 인공위성.
❹ **공유해요**: 두 사람 이상이 어떤 것을 함께 가지고 있어요.

어휘 문제

1 다음 낱말에 해당하는 그림을 알맞게 선으로 이으세요.

241020-0199

(1) 우주인 ·

(2) 우주 정거장 ·

· ①

· ②

2 첫소리를 보고 주어진 뜻에 알맞은 낱말을 쓰세요.

241020-0200

(1) ㅊ ㄹ ─ 비행기가 공중에서 판판한 곳에 내림. (   )

(2) ㄱ ㅇ ─ 두 사람 이상이 어떤 것을 함께 가지고 있음. (   )

1 **주제 확인**
241020-0201

이 글에서 중요한 낱말을 찾아 ○표를 하세요.

(1) 세계 최초의 우주인   (2) 우주인과 우주 정거장   (3) 지구의 날씨와 기후

(   )   (   )   (   )

2 **내용 이해**
241020-0202

우주인에 대한 설명으로 알맞은 것에 ○표를 하세요.

(1) 지구에서 다양한 우주의 모습을 관찰하는 사람   (   )

(2) 우주에 나가 우주 정거장을 만들고 고치는 사람   (   )

(3) 특별한 훈련을 받고 우주로 나가 우주에서 생활하는 사람   (   )

3 **적용**
241020-0203

우주 정거장에서 하는 일로 알맞지 <u>않은</u> 것은 무엇인가요? (   )

① 우주를 관찰한다.   ② 지구를 관찰한다.

③ 우주복을 만든다.   ④ 여러 가지 과학 실험을 한다.

⑤ 연구한 내용을 지구로 보낸다.

4 **추론**
241020-0204

이 글의 내용과 관련하여 더 알아보고 싶은 내용을 바르게 말한 친구의 이름을 쓰세요.

> 진아: 나는 우주 쓰레기가 무엇인지 더 알아보고 싶어.
> 용희: 나는 우주복에 어떤 기능이 있는지 알아보고 싶어.
> 병수: 나는 공군이 어떤 훈련을 받는지 더 알아보고 싶어.

(   )

글의 구조 파악하기 빈칸에 알맞은 말을 글에서 찾아 써넣으세요.

우주인과 우주 정거장

우주인
- 뜻: (②   )을 타고 우주로 나가는 사람들
- 최초의 우주인: 유리 가가린
- 최초의 (③   ) 착륙: 닐 암스트롱, 버즈 올드린

(①   )
- 뜻: 우주에서 과학자들이 일하고 연구하는 곳
- 하는 일: 과학 실험, 지구 관찰, 우주 관찰, 연구 내용 공유

발효 음식을 알아봐요

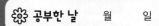

우리가 먹는 김치나 치즈, 요구르트의 공통점은 무엇일까요? 이 세 가지 음식은 모두 발효 음식이에요. 발효란 음식이 오래되면서 작은 미생물들이 그 안에서 활동하는 것을 말해요. 이 작은 미생물들은 음식을 ❶부패시키는 해로운 종류와 음식을 발효시켜 더 맛있고 건강하게 만드는 이로운 종류로 나눌 수 있어요. 음식이 오래되면서 썩고 냄새가 나는 이유는 해로운 미생물이 활동하기 때문인데, 발효 과정에서는 이로운 미생물들이 영향을 주어 음식을 더 맛있고 영양가 있게 변화시켜 주어요.

발효 음식은 우리 몸에도 좋은 영향을 준답니다. 예를 들어, 김치나 요구르트에 들어 있는 유산균은 우리 장 안에 있는 미생물의 균형을 조절해 주어 소화를 도와주고 ❷면역력을 높여 주며, 성인병이나 암 예방에도 도움을 줄 수 있대요.

우리나라에는 김치 외에도 다양한 발효 음식이 있어요. 된장과 청국장은 콩을 발효시켜 만드는데, 다른 재료와 섞여 음식의 맛과 영양가를 높여 줘요. 막걸리는 곡식을 발효시켜 만든 전통 술이며, 젓갈은 ❸어패류의 살이나 알, 내장 등을 소금으로 발효시켜 독특한 맛을 내요.

다른 나라에도 발효 음식이 있어요. 일본의 낫토는 대두를 발효시켜 만든 것인데, 건강에 좋은 미생물이 풍부해요. 이탈리아의 치즈도 발효 과정을 거치면서 맛과 ❹풍미가 높아져요. 그리고 프랑스의 와인은 포도 안의 성분들이 발효되어 맛과 향이 깊어져요.

발효 음식은 전 세계에서 각기 다른 방식으로 만들어지고 여전히 많은 사람들의 사랑을 받고 있어요.

낱말 풀이

❶ **부패시키는**: 미생물의 영향에 의하여 썩게 하는.
❷ **면역력**: 몸 밖에서 들어온 병균을 이겨 내는 힘.
❸ **어패류**: 어류와 조개류를 이르는 말.
❹ **풍미**: 음식의 고급스러운 맛.

어휘 문제 **1** 다음 문장에 알맞은 낱말을 골라 ○표를 하세요.
241020-0205
(1) 소는 인간에게 많은 도움을 주는 (해로운 , 이로운) 동물이다.
(2) 불량 식품은 건강에 (해로운 , 이로운) 음식이다.

2 첫소리를 보고 주어진 뜻에 알맞은 낱말을 쓰세요.
241020-0206
(1) ㅁ ㅇ ㄹ — 몸 밖에서 들어온 병균을 이겨 내는 힘. (   )

(2) ㅍ ㅁ — 음식의 고급스러운 맛. (   )

주제 확인

1 빈칸에 알맞은 말을 글에서 찾아 써넣으세요.

241020-0207

> 이 글은 발효의 뜻, ( )의 종류와 좋은 점에 대해 설명하고 있다.

내용 이해

2 음식의 이름과 그 음식의 재료를 알맞게 선으로 이으세요.

241020-0208

(1) 청국장 • • ① 어패류

(2) 젓갈 • • ② 포도

(3) 와인 • • ③ 콩

적용

3 다음 중 유산균이 하는 일을 두 가지 고르세요. (,)

241020-0209

① 면역력을 높여 준다. ② 근육을 만들어 준다. ③ 심장을 튼튼하게 해 준다.
④ 성인병에 걸리게 해 준다. ⑤ 소화가 잘되게 해 준다.

추론

4 다음과 같이 오이의 모습이 다른 까닭으로 알맞은 것에 ○표를 하세요.

241020-0210

(가)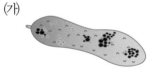

(나)

(1) (가)는 발효가 되었고, (나)는 썩었기 때문이다. ( )
(2) (가)는 유산균이 생겼고, (나)는 유산균이 생기지 않았기 때문이다. ( )
(3) (가)는 해로운 미생물, (나)는 이로운 미생물이 영향을 주었기 때문이다. ( )

글의 구조 파악하기 빈칸에 알맞은 말을 글에서 찾아 써넣으세요.

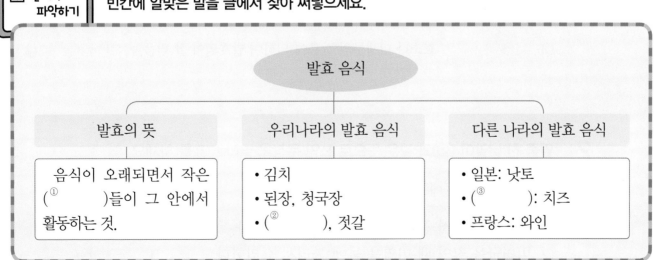

발효 음식

발효의 뜻	우리나라의 발효 음식	다른 나라의 발효 음식
음식이 오래되면서 작은 (①)들이 그 안에서 활동하는 것.	• 김치 • 된장, 청국장 • (②), 젓갈	• 일본: 낫토 • (③): 치즈 • 프랑스: 와인

된장을 만들어요

⚙️ 공부한 날   월   일

감자와 호박을 송송 썰어 넣은 따끈하고 구수한 된장찌개는 정말 맛있어요! 된장은 우리나라의 대표적인 발효 음식 중 하나로, 맛뿐만 아니라 건강에도 매우 좋아요. 된장의 발효 과정에서 생기는 유익한 미생물이 소화를 돕고 장을 튼튼하게 해 주지요. 또 된장에는 단백질뿐만 아니라 비타민과 ❶미네랄이 ❷풍부해서 영양도 좋고 면역력을 강화하는 데에도 도움을 줘요.

요즘에는 마트에 가서 손쉽게 된장을 구할 수 있어요. 이제부터 된장이 마트에 오기까지 어떤 과정을 거쳐 만들어지는지 알아보아요. 먼저, 콩을 깨끗이 씻고 대략 8~12시간 정도 물에 ❸불려요. 그다음에는 불린 콩을 끓는 물에 1~2시간 정도 삶아요. 이렇게 삶은 콩을 절구에 넣고 빻아요. 빻은 콩을 잘 뭉쳐서 사각형 형태의 메주로 만들고, 만든 메주를 햇볕에 1~3일 정도 건조시켜요. 이때는 메주를 짚으로 감싸서 바람이 잘 통하는 곳에 걸어 놓아요. 짚에는 미생물이 많아서 메주가 발효되는 데 좋은 영향을 주지요. 잘 ❹숙성된 메주는 깨끗하게 닦아서 소독한 항아리에 넣고 소금물과 숯, 고추 등을 넣어 된장을 만들어요. 이때 소금물의 농도를 잘 조절하는 것이 중요해요. 그 후, 항아리를 햇볕이 잘 드는 곳에 놓아 두면 약 2~3개월 동안 숙성돼요. 숙성이 완료되면 된장을 건져서 사용할 수 있어요. 이렇게 만든 된장은 약 5개월 이상 지났을 때 최고의 맛을 낼 수 있답니다.

낱말 풀이

❶ **미네랄**: 칼슘이나 나트륨과 같이 생물이 살아가는 데 필요한 광물성의 물질.
❷ **풍부해서**: 넉넉하고 많아서.
❸ **불려요**: 물에 젖게 해서 부피를 커지게 해요.
❹ **숙성된**: 효소나 미생물의 작용에 의하여 발효되어 잘 익은.

🌲 어휘 문제 **1** 첫소리를 보고 주어진 뜻에 알맞은 낱말을 쓰세요.

241020-0211

(1) ㅁ ㄴ ㄹ ── 생물이 살아가는 데 필요한 광물성의 물질.   (   )

(2) ㅅ ㅅ ── 효소나 미생물의 작용에 의하여 발효되어 잘 익음.   (   )

2 밑줄 친 낱말이 **보기**와 같은 뜻으로 쓰인 문장을 골라 ○표를 하세요.

241020-0212

보기 불려요: 물에 젖게 해서 부피를 커지게 해요.

(1) 그는 전쟁에서 공을 세워서 영웅으로 불린다.   (   )
(2) 미역국을 끓일 땐 미역을 물에 불려서 요리한다.   (   )

1 주제 확인
241020-0213

이 글에서 설명하는 내용으로 알맞은 것에 ○표를 하세요.

(1)
된장을 만드는
방법

( )

(2)
된장찌개를 만드는
방법

( )

(3)
좋은 된장을 고르는
방법

( )

2 내용 이해
241020-0214

된장을 만드는 과정에 맞게 순서대로 기호를 쓰세요.

㉠ 콩을 불린다.   ㉡ 콩을 빻는다.   ㉢ 콩을 삶는다.
㉣ 메주를 만든다.   ㉤ 항아리에 메주와 소금물을 넣어 숙성시킨다.

( ) → ( ) → ( ) → ( ) → ( )

3 적용
241020-0215

이 글에서 설명한 메주의 모습으로 알맞은 것에 ○표를 하세요.

(1)

( )

(2)

( )

(3)

( )

4 추론
241020-0216

점심을 먹고 체해서 병원에 간 건이에게 의사 선생님께서 밥과 된장국만 먹으라고 하셨어요.
의사 선생님께서 된장국을 먹으라고 한 까닭으로 알맞은 것에 ○표를 하세요.

(1) 된장은 소화를 도와주기 때문에   ( )
(2) 된장은 모든 병을 낫게 해 주기 때문에   ( )

 글의 구조
파악하기

빈칸에 알맞은 말을 글에서 찾아 써넣으세요.

된장

된장의 효능 —
• (①)를 돕고 장을 튼튼하게 해 준다.
• 면역력을 강화시킨다.

된장을 만드는 과정 —
• 씻은 콩을 물에 불린다. → 불린 콩을 삶고 (②).
→ 빻은 콩을 메주로 만든다. → 메주를 잘 말린다. →
(③)에 메주와 소금물을 넣고 숙성시킨다.

서로 돕고 사는 생물을 알아봐요

친구의 도움을 받고 고마움을 느꼈던 적이 있나요? 생물들도 서로 다른 종류의 생물끼리 도움을 주고받으며 함께 살아가고 있어요. 이렇게 ㉠ <u>❶긴밀한</u> 관계를 유지하면서 서로의 부족한 부분을 채워 주며 살아가는 것을 '공생'이라고 해요.

공생은 서로 이익을 주고받는 경우도 있고, 어느 한쪽은 이익을 받지만 다른 쪽은 이익도 손해도 없는 경우가 있어요. 먼저 서로 이익을 주고받는 경우에는 ❷진딧물과 개미가 있어요. 진딧물은 개미에게 단물을 주고, 개미는 진딧물을 무당벌레로부터 보호해 주어요. 또한 ❸집게와 말미잘도 있어요. 말미잘은 다리와 지느러미가 없어서 마음대로 헤엄쳐 다니며 먹이 사냥을 하는 것이 어려워요. 그래서 집게는 말미잘을 등에 태우고 다니며 말미잘이 먹이를 잡아먹게 돕는 대신 말미잘 덕분에 안전하게 지낸답니다. 왜냐하면 말미잘의 몸에는 독이 있기 때문이에요. 청소놀래기라는 물고기도 자신보다 큰 물고기와 서로 도움을 주고받아요. 청소놀래기는 큰 물고기의 입과 아가미 주변에 있는 찌꺼기와 ❹기생충을 잡아 먹이로 먹고, 그 덕분에 큰 물고기는 입안을 깨끗하게 청소할 수 있어요.

이번에는 한쪽은 이익을 받지만 다른 쪽은 이익도 손해도 없는 경우예요. 대표적으로 고래와 따개비가 있어요. 따개비는 고래 등에 붙어살기 때문에 고래에게서 살 곳을 얻지만, 고래에게는 아무런 도움을 주지 않아요. 또 빨판상어는 상어에 붙어살면서 보호를 받고 이동도 빠르게 할 수 있지만, 상어는 빨판상어로부터 어떤 이익이나 해도 받지 않아요.

낱말 풀이

❶ **긴밀한**: 서로의 관계가 매우 가까워 빈틈이 없는.
❷ **진딧물**: 식물에 붙어 진을 빨아 먹는 곤충.
❸ **집게**: 껍데기에 몸을 숨기고 사는 동물을 통틀어 이르는 말.
❹ **기생충**: 다른 동물에 붙어서 양분을 빨아 먹고 사는 벌레.

어휘 문제

1 오른쪽 그림과 다음 뜻에 알맞은 낱말을 글에서 찾아 쓰세요.

241020-0217

> 껍데기에 몸을 숨기고 사는 동물을 통틀어 이르는 말.

(   )

2 ㉠과 바꾸어 쓸 수 있는 낱말을 골라 ○표를 하세요.

241020-0218

(1) 어색한   (2) 자세한   (3) 가까운

(   )   (   )   (   )

1 **주제 확인**

241020-0219

빈칸에 알맞은 말을 글에서 찾아 써넣으세요.

서로 다른 종류의 생물끼리 도움을 주고받으며 함께 살아가는 것을 ( )이라고 한다.

2 **내용 이해**

241020-0220

다음 중 말미잘과 집게에 대한 설명으로 알맞은 것은 무엇인가요? ( )

① 집게는 독을 쏜다. ② 말미잘은 집게를 이동시켜 준다.

③ 집게는 말미잘에게 먹이를 잡아다 준다. ④ 말미잘은 집게를 안전하게 보호해 준다.

⑤ 집게는 말미잘에 붙어 있는 찌꺼기를 먹는다.

3 **적용**

241020-0221

다음 중 생물끼리의 관계가 다른 하나에 ○표를 하세요.

(1) 개미와 진딧물 ( ) (2) 고래와 따개비 ( )

(3) 집게와 말미잘 ( ) (4) 청소놀래기와 큰 물고기 ( )

4 **추론**

241020-0222

다음 중 개미와 진딧물의 관계와 비슷한 경우를 골라 기호를 쓰세요.

㉮ 수학을 잘하는 영희가 철수에게 수학을 가르쳐 주는 경우

㉯ 달리기 경주에서 서로 1등을 하기 위해서 경쟁하는 태호와 형섭이의 경우

㉰ 엄마는 나에게 맛있는 요리를 해 주시고 나는 엄마에게 안마를 해 드리는 경우

( )

☑ **글의 구조 파악하기**

빈칸에 알맞은 말을 글에서 찾아 써넣으세요.

서로 돕고 사는 생물

(①)의 뜻	서로 이익을 주고받는 경우	한쪽은 이익을 받지만 다른 쪽은 이익도 해도 없는 경우
서로 다른 종류의 생물끼리 도움을 주고받으며 살아가는 것.	• 개미와 진딧물 • 집게와 (②) • 청소놀래기와 큰 물고기	• 고래와 (③) • 상어와 빨판상어

멸종 위기종을 알아봐요

그림 속의 새는 '도도새'예요. 우리는 이 새를 실제로 볼 수 없어요. 왜냐하면 이 새는 지구상에서 영원히 사라졌기 때문이에요. 인도양 모리셔스 섬에 살았던 도도새는 날지 못한다는 이유로 인간이 마구잡이로 ❶포획했어요. 그 결과, 도도새는 인간이 처음으로 ❷멸종시킨 동물이 되었지요.

아직 멸종은 되지 않았지만 그 수가 급격하게 줄어들어 곧 완전히 사라질 위험이 있는 생물을 '멸종 위기종'이라고 해요. 멸종 위기종이 생기는 까닭은 사람들이 사냥을 하거나 ❸무분별하게 개발을 하면서 동물이 살아가는 터전이 사라져 가고 있기 때문이에요. 또 지구 온난화로 기후가 변화되면서 가뭄이나 홍수 등의 자연재해로 생물들이 점점 살기 어려워지고 있기 때문이지요. 사막거북은 비가 오지 않아서, 검은코뿔소는 웅덩이가 말라서, 북극곰은 빙하가 녹아서, 남아시아 강돌고래는 강물이 점점 말라서 살기 어려워졌어요. 멸종하는 동물이 많이 생겨도 당장 인간에게는 영향을 미치지 않을 수 있어요. 하지만 멸종하는 생물이 많아지고, 그와 연관된 생물들이 계속 없어지게 된다면 결국 생태계 전체가 무너질 거예요. 그렇다면 인간도 안전할 수 없겠죠? 따라서 우리는 멸종 위기종에 대해 관심을 갖고 보호하려고 노력해야 해요. 사냥과 무분별한 동물 거래에 대한 엄격한 ❹제재가 필요하며, 개발과 환경 보호의 균형을 잡는 것도 중요해요. 이렇게 하면 멸종 위기종을 보호하고 생태계의 균형을 유지할 수 있을 거예요.

낱말 풀이

❶ **포획했어요**: 짐승이나 물고기를 잡았어요.
❷ **멸종시킨**: 생물의 한 종류가 지구에서 완전히 없어진.
❸ **무분별하게**: (사람이나 그 행동이) 사리에 맞게 판단하고 구별하는 능력이 없게.
❹ **제재**: 일정한 규칙을 어기는 것을 제한하거나 금지함.

어휘 문제

1 첫소리를 보고 주어진 뜻에 알맞은 낱말을 쓰세요.

241020-0223

(1) ㅍ ㅎ — 짐승이나 물고기를 잡음.   (   )

(2) ㅁ ㅈ — 생물의 한 종류가 지구에서 완전히 없어짐.   (   )

2 밑줄 친 낱말과 바꾸어 쓸 수 있는 낱말을 골라 ○표를 하세요.

241020-0224

사냥과 무분별한 동물 거래에 대한 엄격한 <u>제재</u>가 필요하다.

(1) 유지 (   )   (2) 허락 (   )   (3) 금지 (   )

1 〔주제 확인〕

241020-0225

빈칸에 알맞은 말을 글에서 찾아 <u>다섯 글자로</u> 써넣으세요.

이 글은 (   )에 대해 설명하고 있다.

2 〔내용 이해〕

241020-0226

도도새에 대한 설명으로 알맞지 <u>않은</u> 것은 무엇인가요? (   )

① 날지 못하는 새였다.   ② 모리셔스 섬에 살았다.
③ 멸종돼서 실제로 볼 수 없다.   ④ 모리셔스에 있는 동물원에 가면 볼 수 있다.
⑤ 사람들이 도도새를 마구잡이로 잡았다.

3 〔적용〕

241020-0227

멸종 위기종과 그 동물이 멸종 위기에 놓인 까닭을 알맞게 선으로 이으세요.

(1) 사막거북 •   • ① 웅덩이가 말라서

(2) 검은코뿔소 •   • ② 빙하가 녹아서

(3) 북극곰 •   • ③ 비가 오지 않아서

4 〔추론〕

241020-0228

멸종 위기종을 보호하는 방법을 알맞게 이야기한 친구의 이름을 쓰세요.

소율: 나는 이번에 여행 가서 코끼리 상아로 만든 기념품을 꼭 살 거야.
민서: 나는 온실가스를 줄이기 위해서 가까운 거리는 자전거를 타고 갈 거야.
예준: 나는 원숭이를 키우고 싶으니 생일 선물로 사 달라고 부모님께 조를 거야.

(   )

〔☑ 글의 구조 파악하기〕 빈칸에 알맞은 말을 글에서 찾아 써넣으세요.

멸종 위기종

├ 멸종된 동물 — (①   )는 인간이 처음으로 멸종시킨 동물이다.

├ 멸종 위기종이 생기는 까닭 — 무분별한 개발과 포획, (②   )로 인한 기후 변화

├ 멸종 위기종 — 사막거북, 검은코뿔소, (③   ), 남아시아 강돌고래 등

└ 멸종 위기종을 보호하는 방법
• 사냥과 무분별한 동물 거래에 대한 제재가 필요하다.
• 개발과 환경 보호의 균형이 필요하다.

하품과 재채기는 왜 나오나요?

어느 날 갑자기 크게 하품을 했던 적이 있나요? 그럴 때 우리 몸은 놀라운 일을 하고 있는 거예요. 하품은 우리 몸에 산소가 부족할 때 일어나는 ❶현상이에요. 어떤 활동을 하거나 뛰어놀면서 몸을 많이 움직이면, 뇌는 산소가 더 필요하다고 느끼게 돼요. 이때 뇌는 '산소를 더 빨리 가져와.' 라는 신호를 보내는데, 이 신호는 몸 전체에 전달돼야 해요. 그래서 우리는 입을 크게 벌리고, 공기를 많이 빨아들이면서 산소를 많이 가져오려고 노력하게 되는 거예요. 이것이 우리가 하품을 하는 이유랍니다. 하품을 할 때 눈물이 나온 적이 있나요? 눈물이 나오는 이유는 하품을 하면서 입을 크게 벌릴 때 얼굴 근육이 움직이면서 눈 옆쪽에 있는 눈물주머니가 눌리게 되고, 그 안에 있던 눈물이 몸 밖으로 나오게 되는 거예요. 이렇게 눈물이 나오면 눈을 보호하는 역할도 해 준답니다.

우리 몸의 또 다른 특별한 현상은 재채기예요. 예를 들어, 봄에 꽃가루가 많이 날릴 때, 갑자기 빛을 받거나 강한 냄새를 맡을 때 재채기를 하기도 해요. 이때는 ❷민감한 신경이 ❸자극을 받아 몸이 자동으로 재채기를 하게 되는 거예요. 재채기도 몸속에 있는 ❹이물질을 밖으로 내보내는 데 도움을 주는 중요한 역할을 해요.

이처럼 하품이나 재채기와 같은 작은 반응들은 우리 몸을 안전하게 지켜 주는 역할을 해요.

낱말 풀이
❶ **현상**: 현재 나타나 보이는 상태.
❷ **민감한**: 자극에 빠르게 반응을 보이거나 쉽게 영향을 받는.
❸ **자극**: 사람의 기관 등에 작용하여 반응을 일으키게 함.
❹ **이물질**: 순수하지 않거나 정상적이 아닌 다른 물질.

어휘 문제

1 첫소리를 보고 주어진 뜻에 알맞은 낱말을 쓰세요.
241020-0229

(1) ㅈ ㄱ ── 사람의 기관 등에 작용하여 반응을 일으키게 함. (   )

(2) ㅇ ㅁ ㅈ ── 순수하지 않거나 정상적이 아닌 다른 물질. (   )

2 밑줄 친 낱말과 바꾸어 쓸 수 있는 낱말을 골라 ○표를 하세요.
241020-0230

강한 냄새를 맡을 때 <u>민감한</u> 신경이 자극을 받아 우리 몸이 자동으로 재채기를 한다.

(1) 무심한 (   )   (2) 둔감한 (   )   (3) 예민한 (   )

1 주제 확인
241020-0231

빈칸에 알맞은 말을 글에서 찾아 각각 써넣으세요.

이 글은 ( )와/과 ( )에 대해 설명하고 있다.

2 내용 이해
241020-0232

하품이 나오는 때는 언제인가요? ( )

① 눈물이 나올 때   ② 몸 안에 수분이 부족할 때
③ 몸 안에 산소가 부족할 때   ④ 몸 안에 영양소가 부족할 때
⑤ 갑자기 강한 냄새를 맡을 때

3 적용
241020-0233

재채기가 나오는 까닭으로 알맞은 것의 기호를 쓰세요.

㉮ 몸의 긴장을 풀기 위해서
㉯ 얼굴 근육을 움직이기 위해서
㉰ 몸에 있는 가스를 밖으로 내보내기 위해서
㉱ 몸에 있는 이물질을 밖으로 내보내기 위해서

( )

4 추론
241020-0234

우리 몸이 하품이나 재채기를 하는 까닭으로 알맞은 것에 ○표를 하세요.

(1) 우리 몸에 영양분을 공급하기 위한 과정이다. ( )
(2) 우리 몸을 안전하게 보호하기 위한 반응이다. ( )
(3) 음식을 소화하기 위한 과정에서 일어나는 현상이다. ( )

✓ 글의 구조
파악하기

빈칸에 들어갈 알맞은 말을 글에서 찾아 써넣으세요.

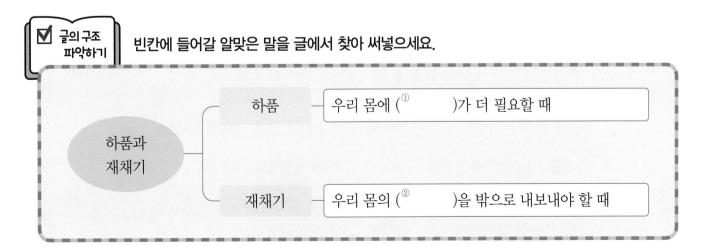

하품과 재채기

하품 — 우리 몸에 (①)가 더 필요할 때

재채기 — 우리 몸의 (②)을 밖으로 내보내야 할 때

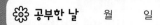

5일 ❷강 똥과 방귀는 왜 나오나요?

'똥과 방귀'라는 말을 들으면 어떤 생각이 드나요? 똥과 방귀는 더러운 것이 아니라, 우리 몸이 건강하게 자라고 활동하는 데에 중요한 역할을 하는 거예요.

먼저, ㉠똥이 왜 나오는지 알아볼까요? 음식을 먹으면 우리 몸은 영양분을 ❶흡수한 후에 필요 없는 물질을 남겨요. 이렇게 남은 찌꺼기들이 모여서 몸 밖으로 나오게 되는데, 그게 바로 똥이에요. 똥은 ❷소화 과정에서 만들어지는 자연스러운 결과물이지요.

요즘은 동물의 똥을 다양하게 이용하기도 해요. 동물의 똥을 모아서 연료로 쓰거나 동물이 커피 열매를 먹고 ❸배설한 커피콩을 이용해서 독특한 맛의 커피를 만들기도 해요. 또 몇몇 지역에서는 코끼리 똥을 이용해서 종이를 만들기도 해요.

그럼 방귀는 왜 나올까요? 음식을 소화하면서 우리 몸은 가스를 만들어 내요. 이 가스가 몸 안에 쌓이면 가끔은 밖으로 내보내야 해요. 이 가스가 항문으로 나오면 방귀이고, 입으로 나오면 트림이 되지요. 방귀의 가스 성분은 주로 질소, 수소, 메탄 등으로 이루어져 있대요. 어른의 경우 하루 평균 8~15회, 많으면 25회 가량 방귀를 뀌지만 대부분 알아차리지 못한대요.

동물들도 방귀를 뀌어요. 육식 동물과 잡식 동물은 방귀를 적게 뀌지만 고기를 먹어서 나오는 단백질로 인해 냄새가 강해요. 한편, 초식 동물은 방귀 냄새는 적지만 더 자주 방귀를 뀐다고 해요. 코끼리는 방귀를 많이 뀌며 소리도 ❹상당해서 주목받는 경우가 많답니다.

 낱말 풀이

❶ **흡수한**: 안이나 속으로 빨아들인.
❷ **소화**: 먹은 음식물을 뱃속에서 분해하여 영양분으로 흡수함.
❸ **배설한**: 생물체가 영양소를 섭취한 후 생긴 노폐물을 몸 밖으로 내보낸.
❹ **상당해서**: 보통보다 더 많아서.

어휘 문제

1 첫소리를 보고 주어진 뜻에 알맞은 낱말을 쓰세요.

241020-0235

(1) ㅎ ㅅ — 안이나 속으로 빨아들임.　　　(　　　)

(2) ㅂ ㅅ — 생물체가 영양소를 섭취한 후 생긴 노폐물을 몸 밖으로 내보냄.　　　(　　　)

2 밑줄 친 부분이 보기와 같은 뜻으로 쓰인 문장을 골라 ○표를 하세요.

241020-0236

> **보기** 소화: 먹은 음식물을 뱃속에서 분해하여 영양분으로 흡수함.

(1) 점심을 급하게 먹었더니 소화가 잘 안 되었다. 　　　(　　　)
(2) 신속한 대응으로 불은 다행히 금세 소화되었다. 　　　(　　　)

1 주제 확인

이 글에서 중요한 낱말을 골라 ○표를 하세요.

(1) 똥과 방귀

(   )

(2) 소화 과정

(   )

(3) 방귀와 트림

(   )

2 내용 이해

㉠에 대한 내용으로 알맞은 것은 무엇인가요? (   )

① 음식의 영양소가 몸 밖으로 나오는 것이다.
② 음식의 찌꺼기가 몸 밖으로 나오는 것이다.
③ 어른의 경우 하루 평균 8회 정도 화장실에 간다.
④ 음식을 소화하면서 가스가 입으로 나오는 것이다.
⑤ 음식을 소화하면서 가스가 항문으로 나오는 것이다.

3 적용

동물의 방귀에 대한 설명으로 알맞지 **않은** 것에 ✕표를 하세요.

(1) 동물도 방귀를 뀐다.   (   )
(2) 토끼가 사자보다 방귀를 적게 뀐다.   (   )
(3) 사자의 방귀 냄새가 토끼의 방귀 냄새보다 더 강하다.   (   )

4 추론

다음 물건에 대해 알맞게 짐작해서 말한 친구의 이름을 쓰세요.

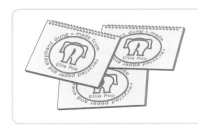

지민: 이건 코끼리 똥을 재활용해서 만든 종이 같아.
정희: 아니야. 이건 코끼리가 커피 열매를 먹고 배설한 똥으로 만든 커피콩일 거야.

(   )

☑ 글의 구조 파악하기   빈칸에 알맞은 말을 글에서 찾아 써넣으세요.

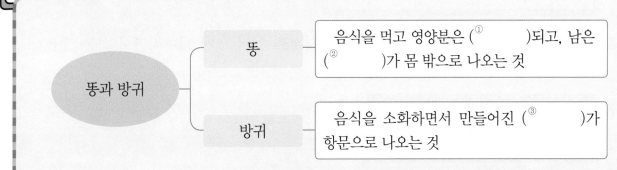

똥과 방귀

똥 ─ 음식을 먹고 영양분은 (①   )되고, 남은 (②   )가 몸 밖으로 나오는 것

방귀 ─ 음식을 소화하면서 만들어진 (③   )가 항문으로 나오는 것

암호를 풀어라

✿ 다음 암호를 풀어서 뜻에 알맞은 낱말을 각각 쓰세요.

0	1	2	3	4	5	6	7	8	9
ㄱ	ㄴ	ㄷ	ㄹ	ㅁ	ㅂ	ㅇ	ㅈ	ㅍ	ㅎ

●	◈	△	▷	◨	◎	♣	♡	★	Σ
ㅏ	ㅑ	ㅓ	ㅕ	ㅗ	ㅜ	ㅣ	ㅚ	ㅐ	ㅟ

1. 살이 쪄서 몸이 뚱뚱함.

5	♣	4	●	1

➡ (   )

2. 우주를 비행할 수 있도록 훈련을 받은 사람.

6	◎	7	◎	6	♣	1

➡ (   )

3. 메주에 소금물을 알맞게 부어 숙성시켜 건져 낸 건더기.

2	♡	1	7	●	6

➡ (   )

4. 생물의 한 종류가 지구에서 완전히 없어짐.

4	▷	3	7	◨	6

➡ (   )

5. 졸리거나 피곤하거나 배부르거나 할 때, 저절로 입이 크게 벌어지면서 하는 깊은 호흡.

9	●	8	◎	4

➡ (   )

인용 사진 출처

57쪽 토시_국립민속박물관

57쪽 죽부인_국립민속박물관

57쪽 등등거리_삼척시립박물관

59쪽 솜두루마기_국립중앙박물관

69쪽 마이산_ⓒ한국관광공사 사진갤러리-이근완

69쪽 코끼리바위_인천광역시

74쪽 국민건강증진을 위한 비만 통계자료집(2016-2020),

　　　한국건강증진개발원(학생건강검사)

어휘 목록

✤ 초등 국어 어휘 베스트셀러 ✤

어휘가 독해다!

초등 국어 어휘
─── 1~6단계 ───

초등 한자 어휘
─── 1~4단계 ───

그 중요성이 이미 입증된 어휘력,
이제 확장하고 추가해서 **학습 기본기를 더 탄탄하게!**

전체 영역	'초등 국어 어휘' 영역	NEW '초등 한자 어휘' 영역
★★★ 새 교육과정/교과서 반영으로 더 앞서가도록	1~6단계로 확장 개편해서 더 빈틈없도록	한자 어휘 영역도 추가해서 더 풍부하도록

'초등 국어 어휘'는 학년별 새 교육과정 적용 시기에 따라 순차 발간

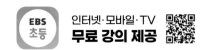

초 | 등 | 부 | 터 EBS

새 교육과정 반영

초등 4주 완성

독해력

2 단계

초등 1~2학년 권장

하루 4쪽, 20일 동안 읽고 익히고 쓰면서 완성하는 종합 독해력!

정답과 해설

4주 완성 독해력

2단계

초등 1~2학년 권장

정답과 해설

1주

1일 ❶강 규칙을 지켜요　　8~9쪽

✚어휘 문제 **1** (1) ② (2) ①　**2** (1) 눈총 (2) 규칙

1 공공장소　**2** (2) ○　**3** 큰 목소리　**4** ⑤

☑️ 글의 구조 파악하기
① 규칙　② 차례　③ 발

어휘 문제

1 (1) '사회의 여러 사람 또는 여러 단체에 공동으로 속하거
나 이용되는 곳.'은 '공공장소'입니다.
(2) '유물, 그림, 조각과 같은 전시품이나 공연, 영화, 운동
경기 등을 구경하는 것.'은 '관람'입니다.

2 (1) '눈총'은 '싫거나 미워서 날카롭게 노려보는 눈길.'을 뜻
하는 낱말입니다.
(2) '규칙'은 '여러 사람이 다 같이 지키기로 한 법칙.'을 뜻
하는 낱말입니다.

1 이 글은 놀이공원, 영화관, 스포츠 경기장과 같은 '공공장
소'에서 지켜야 하는 규칙을 설명하고 있습니다.

2 쓰레기는 쓰레기통에 넣습니다.

3 영화를 볼 때 옆에 앉은 친구와 큰 목소리로 말하지 않아
야 합니다.

4 규칙을 어기는 것을 보고 사람들이 눈총을 주는 것은 사람
들이 불편을 느끼기 때문입니다.

글의 구조 파악하기

이 글에서는 놀이공원, 영화관, 스포츠 경기장에서 지켜야 할 규
칙에 대해 설명하고 있습니다.

1일 ❷강 수영장을 안전하게 이용해요　　10~11쪽

✚어휘 문제 **1** (1) 유의하다 (2) 익숙하다
2 (1) 젖었다 (2) 닿지

1 수영장, 유의　**2** 먼, 가까운　**3** 수영모　**4** ④

☑️ 글의 구조 파악하기
① 구명조끼　② 물　③ 뛰어다니지

어휘 문제

1 (1) '마음에 새겨 두어 조심하며 관심을 가지다.'를 뜻하는
낱말은 '유의하다'입니다.
(2) '어떤 일을 여러 번 하여 서투르지 않은 상태에 있다.'
를 뜻하는 낱말은 '익숙하다'입니다.

2 (1) 물이 스며들어 축축해진 상태를 나타내는 문장이므로
'젖었다'라고 씁니다.
(2) 땅에 발이 붙은 상태를 나타내는 문장이므로 '닿지'라
고 씁니다.

1 이 글은 우리가 수영장을 이용할 때 유의할 점에 대해 설
명하는 글입니다.

2 준비 운동을 마친 후 몸에 물을 적실 때에는 심장에서 먼
곳부터 가까운 곳의 순서로 물을 적십니다.

3 수영장에서는 수영모를 써야 빠진 머리카락이 물에 떠다
니는 걸 막을 수 있습니다.

4 수영장 근처에서 뛰어다니면 바닥이 젖어 있기 때문에 넘
어지기 쉽습니다.

글의 구조 파악하기

이 글은 수영장에 가기 전에 챙겨야 할 준비물과 수영하기 전 유
의점, 그리고 수영할 때 유의점을 설명하는 글입니다.

2일 ❶강 고마운 이웃들이 있어요　　12~13쪽

✚어휘 문제 **1** (1) 밥 (2) 쌀 (3) 벼　**2** (1) ① (2) ①

1 이웃(들)　**2** ③　**3** 농부　**4** 차이점, 공통점

☑️ 글의 구조 파악하기
① 이웃　② 치료　③ 먹을거리

어휘 문제

1 '벼'는 쌀이 열리는 작물이고, '쌀'에 물을 넣고 익힌 것을
'밥'이라고 합니다.

2 (1) '잠깐 쉬거나 건강을 위해서 주변을 천천히 걷는 일.'을
나타내는 낱말은 '산책'입니다.
(2) '마음이 편하지 않고 조마조마함.'을 나타내는 낱말은
'불안'입니다.

1 이 글은 고마운 이웃들을 소개하는 글입니다.

2 간호사는 의사의 진료를 돕고 환자를 돌봅니다.

3 곡식이나 과일을 기르는 사람은 농부입니다.

4 ㉠은 소방관과 경찰관이 각각 하는 일, ㉡은 소방관과 경
찰관이 공통으로 하는 일을 설명하고 있습니다.

글의 구조 파악하기

이 글은 우리 주변의 고마운 이웃에 대해 소개하고 있습니다. 의사와 간호사는 아픈 사람을 치료해 주고, 농부와 어부는 사람들의 먹을거리를 마련해 줍니다.

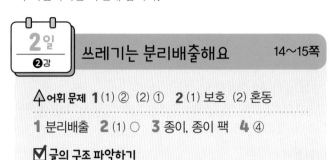

2일 ❷강 쓰레기는 분리배출해요   14~15쪽

⚡어휘 문제 1 (1) ② (2) ①   **2** (1) 보호 (2) 혼동

1 분리배출   **2** (1) ○   **3** 종이, 종이 팩   **4** ④

☑ **글의 구조 파악하기**
① 쓰레기 ② 유리병 ③ 쓰레기통

어휘 문제

1 (1) '물건을 담는 그릇.'을 가리키는 낱말은 '용기'입니다.
(2) '서로 나뉘어 떨어짐. 또는 그렇게 되게 함.'을 가리키는 낱말은 '분리'입니다.

2 (1) '위험하거나 곤란하지 않게 잘 지키고 보살핌.'을 나타내는 낱말은 '보호'입니다.
(2) '서로 다른 것을 구별하지 못하고 뒤섞어서 생각함.'을 나타내는 낱말은 '혼동'입니다.

1 이 글에서는 쓰레기를 분리배출하는 여러 가지 방법을 소개하고 있습니다.

2 (2)는 페트병에 해당하는 내용입니다.

3 종이와 종이 팩은 따로 분리배출해야 합니다.

4 쓰레기 분리 배출은 올바른 방법으로 버리기만 하면 되므로 누구나 실천할 수 있는 일입니다.

글의 구조 파악하기

이 글은 우리가 이웃을 위해 할 수 있는 가장 쉬운 일로 쓰레기 분리배출을 설명하고 있습니다.

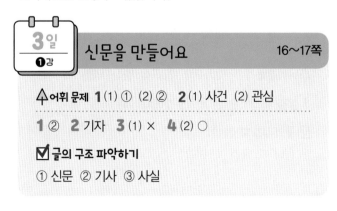

3일 ❶강 신문을 만들어요   16~17쪽

⚡어휘 문제 1 (1) ① (2) ②   **2** (1) 사건 (2) 관심

1 ②   **2** 기자   **3** (1) ×   **4** (2) ○

☑ **글의 구조 파악하기**
① 신문 ② 기사 ③ 사실

어휘 문제

1 (1) '이미 나온 책이 떨어져서 없음.'을 뜻하는 낱말은 '절판'입니다.

(2) '마음속에 가지고 있는 기분.'을 뜻하는 낱말은 '감정'입니다.

2 (1) '사회적으로 문제를 일으키거나 주목을 받을 만한 뜻밖의 일.'을 나타내는 낱말은 '사건'입니다.
(2) '어떤 것을 향하여 끌리는 감정과 생각.'을 나타내는 낱말은 '관심'입니다.

1 글의 첫 번째 문장을 통해 알 수 있습니다.

2 신문에 실리는 글을 '기사'라고 하고, 기사를 쓰는 사람을 '기자'라고 부릅니다.

3 신문에는 사실을 그대로 써야 하기 때문에 꾸며 낸 내용을 쓰면 안 됩니다.

4 신문 기사의 내용은 여러 사람에게 빠르게 전달되기 때문에 기자는 사실을 정확하게 확인하게 확인하여 기사를 써야 합니다.

글의 구조 파악하기

이 글은 세상에서 일어나는 새로운 일을 전해 주는 신문에 대해 소개하고 있습니다. 기사를 쓸 때는 사실을 정확하게 확인해서 써야 합니다.

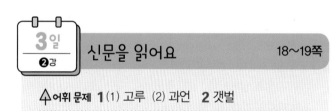

3일 ❷강 신문을 읽어요   18~19쪽

⚡어휘 문제 1 (1) 고루 (2) 과언   **2** 갯벌

1 육하원칙   **2** ①   **3** (2) ○   **4** 이 수업은 갯벌의 소중함을 알리기 위해 마련되었다.

☑ **글의 구조 파악하기**
① 신문 ② 주제 ③ 제목

어휘 문제

1 (1) '빼놓지 않고 이것저것 모두.'를 뜻하는 낱말은 '고루'입니다.
(2) '정도가 지나친 말 또는 과장된 말.'을 뜻하는 낱말은 '과언'입니다.

2 '갯벌'은 '바닷물이 빠졌을 때에 드러나는 넓은 진흙 벌판.'을 가리키는 낱말입니다.

1 이 글은 신문을 읽는 방법을 설명하는 글입니다.

2 신문 중에는 여러 주제를 고루 담은 신문도 있고, 한 가지 주제를 담은 신문도 있습니다.

3 신문에서 기사의 제목은 가장 먼저 보는 부분이면서, 가장 중요한 내용을 담고 있는 부분입니다.

4 '왜'는 갯벌 체험 수업을 열게 된 까닭과 관련 있습니다.

글의 구조 파악하기

이 글은 종이 신문이나 인터넷을 통해 볼 수 있는 신문을 소개하고 있습니다. 그리고 신문을 읽을 때 원하는 주제의 신문을 골라서 기사의 제목을 읽고, 육하원칙을 생각하며 읽어야 한다고 설명하고 있습니다.

4일 ❶강 봄에 피는 분홍색 꽃, 진달래와 철쭉
20~21쪽

⚡**어휘 문제 1** 11, 20 **2** (1) 올망졸망 (2) 잎사귀

1 공통점 **2** (1) – ② – ㉯ (2) – ① – ㉮
3 철쭉(꽃), 독 **4** ①

☑**글의 구조 파악하기**
① 봄 ② 분홍색 ③ 시기

어휘 문제

1 '한 달 가운데 1일부터 10일까지의 기간.'을 '초순', '매달 11일부터 20일까지의 기간.'을 '중순', '매달 21일부터 마지막 날까지의 기간.'을 '하순'이라고 합니다.

2 (1) '올망졸망'은 '작은 것들이 여기저기 흩어져서 가득 모여 있는 모양.'을 나타내는 낱말입니다.
(2) '잎사귀'는 '나무나 풀에 달린 하나하나의 잎.'을 나타내는 낱말입니다.

....

1 이 글을 통해 봄꽃이자 분홍색 꽃을 피우는 진달래와 철쭉의 공통점과 차이점을 알 수 있습니다.

2 진달래꽃의 별명은 참꽃인데, 이 별명은 먹을 수 있는 꽃이라는 뜻이 있습니다. 철쭉꽃의 별명은 개꽃인데, 이 별명은 먹을 수 없는 꽃이라는 뜻이 있습니다.

3 5월에 핀 꽃이라는 것을 보니, 그림 속 분홍색 꽃은 철쭉꽃입니다. 철쭉꽃에는 독이 있어서 먹으면 안 됩니다.

4 진달래꽃과 철쭉꽃은 꽃의 색이 비슷해서 잘 구분하지 못하는 경우가 있습니다.

글의 구조 파악하기

이 글은 봄꽃 중 진달래꽃과 철쭉꽃에 대해 설명하는 글입니다. 그리고 진달래꽃과 철쭉꽃의 차이점으로 별명과 꽃 피는 시기에 대해 설명하고 있습니다.

4일 ❷강 힘센 곤충, 사슴벌레와 장수풍뎅이
22~23쪽

⚡**어휘 문제 1** (1) 종 (2) 과시 **2** (1) 차지하다 (2) 유명하다

1 사슴벌레, 장수풍뎅이 **2** ㉰, ㉱ **3** 오른쪽, 없거든
4 (1) ○ (2) ○

☑**글의 구조 파악하기**
① 힘 ② 큰턱 ③ 큰 뿔

어휘 문제

1 (1) '종'은 '어떤 기준에 따라 여러 가지를 나눈 갈래.'를 뜻하는 낱말입니다.
(2) '자랑하여 보임.'을 뜻하는 낱말은 '과시'입니다.

2 (1) '사물이나 공간, 지위 등을 자기 몫으로 가지다.'를 나타내는 낱말은 '차지하다'입니다.
(2) '이름이 널리 알려져 있다.'를 나타내는 낱말은 '유명하다'입니다.

....

1 이 글을 통해 사슴벌레와 장수풍뎅이에게는 어떤 특징이 있는지 알 수 있습니다.

2 이 글에는 수컷 장수풍뎅이의 뿔이 머리와 앞가슴에 있다는 내용과 암컷 사슴벌레의 잔털이 배에 나 있다는 내용이 담겨 있습니다.

3 암컷 장수풍뎅이는 뿔이 없고 등판 전체에 털이 나 있습니다.

4 사슴벌레의 큰턱과 장수풍뎅이의 큰 뿔은 수컷끼리 싸울 때나 먹이를 차지하려 할 때 쓴다는 공통점이 있습니다.

글의 구조 파악하기

이 글은 큰턱을 가진 곤충인 사슴벌레와 큰 뿔을 가진 곤충인 장수풍뎅이에 대해 설명하는 글입니다.

5일 ❶강 돈이 세상에 등장했어요
24~25쪽

⚡**어휘 문제 1** (1) 맞바꾸다 (2) 곡식 **2** (1) 역할 (2) 지폐

1 물물, 형태 **2** (2) × **3** 값어치 **4** (1) ○

☑**글의 구조 파악하기**
① 형태 ② 물건 ③ 편리

어휘 문제

1 (1) '어떤 것을 다른 것과 서로 바꾸다.'라는 뜻을 가진 낱말은 '맞바꾸다'입니다.
(2) '쌀, 보리, 밀, 옥수수 등 주로 주식으로 쓰이는 먹거

리.'를 뜻하는 낱말은 '곡식'입니다.

2 (1) '맡은 일 또는 해야 하는 일.'을 나타내는 낱말은 '역할'이라고 써야 알맞습니다.

(2) '종이로 만든 돈.'을 나타내는 낱말은 '지폐'라고 써야 알맞습니다.

....

1 이 글은 돈이 없던 시절에 물건을 얻는 물물 교환 방법과 돈의 형태가 조개나 곡식 같은 물품에서 쇠붙이로 만든 돈, 종이로 만든 돈으로 변화해 왔음을 설명하는 글입니다.

2 조개나 곡식은 깨지거나 썩어서 못 쓰게 되는 경우가 있다고 했습니다.

3 이 글에서는 돈을 통해 물건의 값어치가 얼마나 되는지 알 수 있다고 했습니다.

4 ㉠의 앞에 물물 교환의 어려운 점이 많다는 내용이 나오므로 (1)이 알맞습니다.

글의 구조 파악하기

이 글은 돈이 있기 때문에 물건을 사거나 물건의 값어치를 알 수 있다고 설명하는 글입니다. 그리고 돈이 사용하기 편리한 형태로 변화해 왔음을 설명하고 있습니다.

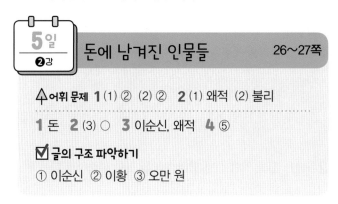

5일 ❷강 돈에 남겨진 인물들 26~27쪽

🔼**어휘 문제 1** (1) ② (2) ② **2** (1) 왜적 (2) 불리

1 돈 **2** (3) ○ **3** 이순신, 왜적 **4** ⑤

☑️ **글의 구조 파악하기**
① 이순신 ② 이황 ③ 오만 원

어휘 문제

1 (1) '초상'은 '사진, 그림 등에 나타낸 사람의 얼굴이나 모습.'을 뜻하는 낱말입니다. '자연이나 지역의 아름다운 모습.'을 뜻하는 낱말은 '풍경'입니다.

(2) '백성'은 '나라의 근본이 되는 국민.'을 뜻하는 낱말입니다.

2 (1) '적으로서의 일본이나 일본인.'은 '왜적'입니다.

(2) '이롭지 아니함.'은 '불리'입니다.

....

1 이 글은 돈에 그려져 있는 인물들에 대해 소개하는 글입니다.

2 우리나라 돈에 있는 인물은 우리나라를 위해 많은 일을 해 낸 인물들이라는 공통점이 있습니다.

3 백 원 동전에 그려진 인물은 '이순신'입니다. 이순신은 약 500년 전 왜적을 물리친 장군입니다.

4 이순신이 맞서 싸운 상대는 '왜적'입니다. 천 원 지폐에 그려진 인물은 '이황'입니다. 세종 대왕이 백성들을 위해 한

일로는 한글을 만들고 농사를 잘 지을 수 있는 방법을 찾아 알려 준 일이 소개되어 있습니다. 신사임당은 이이의 어머니입니다.

글의 구조 파악하기

이 글은 돈에 남겨진 인물들이 우리나라를 위해 한 일을 소개하고 있습니다. 백 원 동전에는 이순신, 천 원 지폐에는 이황, 오만 원 지폐에는 신사임당의 초상이 그려져 있습니다.

1주 마무리 학습 28쪽

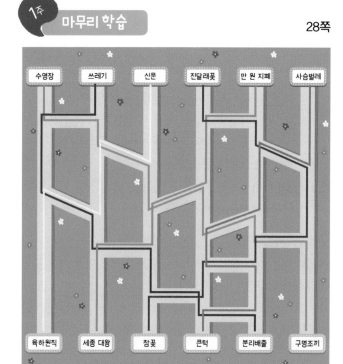

수영장 | 쓰레기 | 신문 | 진달래꽃 | 만 원 지폐 | 사슴벌레

육하원칙 | 세종 대왕 | 참꽃 | 큰턱 | 분리배출 | 구멍조끼

2주

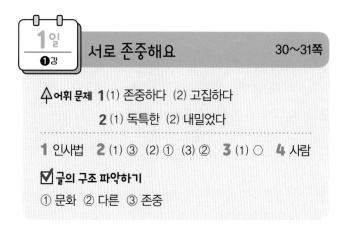

1일 ❶강 서로 존중해요 30~31쪽

🔼**어휘 문제 1** (1) 존중하다 (2) 고집하다

2 (1) 독특한 (2) 내밀었다

....

1 인사법 **2** (1) ③ (2) ① (3) ② **3** (1) ○ **4** 사람

☑️ **글의 구조 파악하기**
① 문화 ② 다른 ③ 존중

어휘 문제

1 (1) '높이어 귀중하게 대하다.'라는 뜻의 낱말은 '존중하다'입니다.

(2) '자기의 의견을 바꾸지 않고 굳게 버티다.'라는 뜻의 낱말은 '고집하다'입니다.

2 (1) '독특한'은 '다른 것과 비교하여 특별하게 다른.'이라는 뜻입니다.

(2) '내밀다'는 '몸이나 물체의 일부분이 밖이나 앞으로 나가게 하다.'라는 뜻입니다.

----

1 이 글은 나라마다 다른 인사법에 대해 설명하는 글입니다.

2 (1) 미국에서는 주로 악수를 하며 인사합니다.

(2) 프랑스에서는 서로 끌어안고 양쪽 볼을 번갈아 마주 대고 인사합니다.

(3) 인도에서는 두 손을 가슴 앞에 펴서 마주 대고 고개를 숙이며 "나마스테."라고 말하며 인사합니다.

3 그림 속 친구는 다른 나라에서 유행한다는 사실만으로 무조건 따라 입고 있습니다. 다른 나라의 문화를 무조건 따르는 것은 옳지 않은 일입니다.

4 '문화가 다르지만 우리는 모두 사람이라는 점은 같기 때문에 서로 존중해야' 한다고 말했습니다.

글의 구조 파악하기

이 글에서는 나라마다 자기만의 문화가 있으니 이를 서로 존중해야 한다고 설명하고 있습니다.

 1일 ❷강 이런 문화 저런 문화 32~33쪽

⚠ **어휘 문제 1** (1) ② (2) ① **2** (1) 궁중 (2) 까다롭다

1 음식 문화 **2** (1) ③ (2) ② (3) ① **3** (1) ○ **4** (1) ○

☑ **글의 구조 파악하기**

① 요리 ② 빵

어휘 문제

1 (1) '특별한 계급이나 등급.'은 '특급'입니다.

(2) '음식을 만드는 데 사용하는 기름.'은 '식용유'입니다.

2 (1) '궁중'은 '한 나라의 임금이 사는 집.'입니다.

(2) '까다롭다'는 '사람의 성격이나 취향이 너그럽지 않고 별나게 억지스럽다.'입니다.

----

1 이 글은 독특한 음식 문화를 가진 중국과 유럽에 대해 설명하는 글입니다.

2 사천 지역의 대표 요리는 마파두부, 광둥 지역의 대표 요리는 탕수육과 딤섬, 북경 지역의 대표 요리는 베이징덕이 있습니다.

3 이 글에서는 다른 사람의 접시 위로 손을 뻗어 시선이나 음식을 가리는 것은 예의 없는 행동이라고 설명하고 있습니다.

4 광둥 지역에 서양 요리법이 많아진 이유로, 광둥 지역이 서양 문화의 영향을 많이 받았을 것이라고 생각해 볼 수 있습니다.

글의 구조 파악하기

이 글에서는 한 나라나 지역에는 독특한 음식 문화가 있음을 밝히고, 중국의 지역별 요리와 유럽에서 음식을 먹는 방법에 대해 설명하고 있습니다.

2일 ❶강 에너지를 낭비하고 있어요 34~35쪽

⚠ **어휘 문제 1** (1) 절약 (2) 정전 **2** (1) ② (2) ①

1 일, 힘 **2** (3) × **3** 예 불을 꺼야 해 **4** ㉮, ㉰

☑ **글의 구조 파악하기**

① 에너지 ② 낭비

어휘 문제

1 (1) 어려운 이웃을 도우려면 '절약'을 해야 됩니다. '절약'은 '마구 쓰지 않고 꼭 필요한 데에만 써서 아낌.'이라는 뜻의 낱말입니다.

(2) '정전'은 '들어오던 전기가 끊어짐.'이라는 뜻의 낱말입니다.

2 (1) '건물 안이나 방 안의 온도를 높여 따뜻하게 하는 일.'을 뜻하는 낱말은 '난방'입니다.

(2) '건물 안이나 방 안의 온도를 낮춰 차게 하는 일.'을 뜻하는 낱말은 '냉방'입니다.

----

1 이 글에서 에너지란 '일을 할 수 있는 힘'이라고 설명하고 있습니다.

2 에너지가 있어야 선풍기나 전구를 이용할 수 있으므로 생활이 더 편리해집니다.

3 사람이 아무도 없는 교실에서는 불을 꺼야 에너지를 낭비하지 않을 수 있습니다.

4 필요하지 않을 때 선풍기를 켜 두거나 화장실의 불을 켜 두는 것은 에너지를 낭비하는 예로 볼 수 있습니다.

글의 구조 파악하기

이 글에서는 에너지가 무엇이며, 에너지로 무엇을 할 수 있는지 설명하고 있습니다. 그리고 어떤 경우에 사람들이 에너지를 낭비하는지 설명하면서 에너지를 낭비하지 않도록 주의해야 함을 강조하고 있습니다.

2일 ❷강 에너지를 절약해요 36~37쪽

🔺어휘 문제 **1** (1) 오염 (2) 실내 **2** (1) 꽂혀 (2) 횟수

1 (2) ○ **2** ⑤ **3** 25, 28 **4** ③

☑️ **글의 구조 파악하기**
① 환경 ② 절약 ③ 시간

어휘 문제

1 (1) '더러운 상태가 됨.'을 뜻하는 말은 '오염'입니다.
   (2) '방이나 건물 등의 안.'을 뜻하는 말은 '실내'입니다.

2 (1) '어떤 것이 일정한 곳에 끼여.'를 나타낼 때에는 '꽂혀'라고 씁니다.
   (2) '반복해서 일어나는 차례의 수.'를 나타낼 때에는 '횟수'라고 씁니다.

1 이 글에서는 에너지를 절약해야 하는 까닭과 절약하는 방법에 대해 설명하면서 에너지를 절약하자고 말하고 있습니다.

2 석탄, 석유 등의 연료를 태워 필요한 에너지를 만들 때 해로운 물질이 나온다고 했습니다.

3 여름철 적정한 실내 온도는 25~28℃라고 했습니다.

4 사람들이 한번에 많은 에너지를 쓰면 순간적으로 에너지가 부족해집니다. 그러면 꼭 필요한 곳에 써야 할 에너지가 부족해질 수 있습니다.

글의 구조 파악하기
이 글은 에너지를 많이 쓸 때 환경이 오염되는 까닭과 에너지를 절약할 수 있는 방법에 대해 설명하고 있습니다.

3일 ❶강 안전하게 학교 생활을 해요 38~39쪽

🔺어휘 문제 **1** (1) ② (2) ① **2** (1) 요청 (2) 치료

1 교실, 운동장 **2** ③ **3** (1) ○ **4** (1) ○ (3) ○

☑️ **글의 구조 파악하기**
① 문 ② 장난

어휘 문제

1 (1) '문 등을 열고 닫고 하다.'를 뜻하는 낱말은 '여닫다'입니다.
   (2) '일정한 곳을 오고 가며 다니다.'를 뜻하는 낱말은 '오가다'입니다.

2 (1) '요청'은 '필요한 어떤 일이나 행동을 부탁함.'을 뜻하는 낱말입니다.
   (2) '치료'는 '병이나 상처 등을 낫게 함.'을 뜻하는 낱말입니다.

1 학교의 교실, 복도, 운동장 등에서 안전하게 생활해야 한다는 내용을 말하고 있습니다.

2 야구공이나 농구공처럼 운동 경기에 사용하는 공은 매우 단단하다고 설명되어 있습니다.

3 교실 문을 여닫을 때 문을 갑자기 닫거나 세게 닫으면 다칠 수 있습니다.

4 교실이나 복도에서 뛰어다니면 친구와 부딪칠 수 있고, 교실에 책상이나 의자가 많기 때문에 부딪쳐서 다칠 수 있습니다.

글의 구조 파악하기
이 글은 안전한 학교생활을 위해 교실이나 복도에서 뛰지 말아야 한다는 것, 문을 여닫을 때 주의해야 한다는 것, 운동장에서 위험한 장난을 치지 말아야 한다는 것에 대해 설명하는 글입니다.

3일 ❷강 상처를 치료해요 40~41쪽

🔺어휘 문제 **1** (1) 식혔다 (2) 시켰다 **2** 콧방울

1 ② **2** ㉠, ㉣, ㉢, ㉡ **3** (3) ○ **4** 지혈

☑️ **글의 구조 파악하기**
① 피부 ② 코피 ③ 화상

어휘 문제

1 (1) '식혔다'는 '더운 기운을 없앴다.'라는 뜻의 낱말입니다.
   (2) '시켰다'는 '어떤 일이나 행동을 하게 했다.'라는 뜻의 낱말입니다.

2 '코끝의 양쪽에 방울처럼 둥글게 내민 부분.'을 나타내는 낱말은 '콧방울'입니다.

1 이 글은 상처가 났을 때 치료하는 방법에 대해 설명하는 글입니다.

2 피부가 찢어지거나 긁혀 피가 날 때 우선 상처 부위를 깨끗한 물로 씻고, 물기가 마르면 연고를 바르고, 반창고를 붙이라고 하였습니다.

3 화상을 입었을 때 화상 부위를 찬물로 식혀 주거나 찬물에 적신 수건으로 식혀 주고, 물집이 생기면 터뜨리지 않은 채 병원에 가야 한다고 했습니다.

4 코를 다쳐 코피가 나는 친구는 코피를 멈추기 위해 콧방울 조금 위쪽을 손가락으로 눌러 주어 '지혈'을 해야 합니다.

글의 구조 파악하기

이 글에서는 피부가 찢어지거나 긁혔을 때 치료하는 방법과 코피가 났을 때 치료하는 방법, 화상을 입었을 때 치료하는 방법에 대해 설명하고 있습니다.

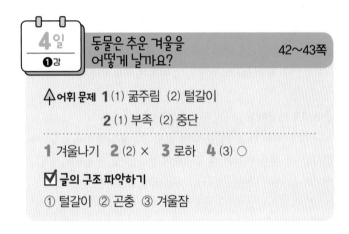

4일 ❶강 동물은 추운 겨울을 어떻게 날까요? 42~43쪽

⚡**어휘 문제 1**(1) 굶주림 (2) 털갈이
　　　　　2(1) 부족 (2) 중단

1 겨울나기 **2** (2) × **3** 로하 **4** (3) ○

☑ **글의 구조 파악하기**
① 털갈이 ② 곤충 ③ 겨울잠

어휘 문제

1 (1) '먹을 것이 없어 배를 곯는 것.'을 뜻하는 낱말은 '굶주림'입니다.
　(2) '짐승이나 새의 오래된 털이 빠지고 새 털이 나는 일.'을 뜻하는 낱말은 '털갈이'입니다.

2 (1) '부족'은 '필요한 양이나 기준에 모자라거나 넉넉하지 않음.'을 뜻하는 낱말입니다.
　(2) '중단'은 '어떤 일을 중간에 멈추거나 그만둠.'을 뜻하는 낱말입니다.

. . . .

1 이 글에서는 동물들이 겨울을 나는 방법, 즉 겨울나기에 대해 설명하고 있습니다.

2 사마귀는 어른벌레 상태로 지내지 못하고 알집에서 알 상태로 있다가 봄이 되면 깨어 나옵니다.

3 다람쥐는 먹이를 먹기 위해, 곰은 똥, 오줌을 누거나 먹이를 먹기 위해 겨울잠에서 깨어나기도 합니다.

4 눈이 많이 내리는 겨울, 토끼의 털이 하얀색으로 변하면 눈과 토끼의 털색이 비슷하여 토끼를 위협하는 동물들의 눈에 잘 띄지 않게 되어 안전합니다.

글의 구조 파악하기

이 글에서는 여러 동물의 겨울나기에 대해 설명하면서 털갈이를 하는 동물의 겨울나기와 여러 곤충이 겨울을 나는 방법을 소개하고 있습니다. 그리고 동물들이 겨울잠을 자는 까닭과 겨울잠을 자는 동물에 대해서도 소개하고 있습니다.

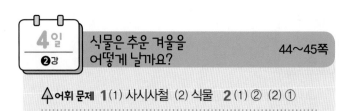

4일 ❷강 식물은 추운 겨울을 어떻게 날까요? 44~45쪽

⚡**어휘 문제 1**(1) 사시사철 (2) 식물 **2**(1) ② (2) ①

1 (2) × **2** ⑤ **3** (1) ○ **4** (2) ○

☑ **글의 구조 파악하기**
① 풀 ② 나무 ③ 겨울눈

어휘 문제

1 (1) '사시사철'은 '봄·여름·가을·겨울의 네 철 내내의 동안.'을 뜻하는 낱말입니다.
　(2) '식물'은 '풀, 나무와 같은 스스로의 힘으로 움직일 수 없는 생명체.'를 뜻하는 낱말입니다.

2 (1) '사철 내내 잎이 푸른 나무.'를 나타내는 낱말은 '상록수'입니다.
　(2) '꽃을 심기 위해 흙을 약간 높게 하여 만든 꽃밭.'을 나타내는 낱말은 '화단'입니다.

. . . .

1 이 글에서 씨를 날려 보내는 풀로 소개된 것은 민들레인데, 민들레는 봄이 되어야 씨를 날려 보냅니다.

2 향나무와 동백나무는 겨울에도 잎이 떨어지지 않는 상록수입니다.

3 겨울눈을 관찰할 때에는 겨울눈을 따거나 나뭇가지를 부러뜨리지 않아야 하며, 나무 위에 올라가지 말아야 합니다.

4 겨울에는 추위가 매섭기 때문에 '추위를'이 들어가야 알맞습니다.

글의 구조 파악하기

이 글에서는 풀과 상록수가 겨울을 나는 방법 그리고 목련 등 겨울눈으로 겨울을 나는 식물과 겨울눈을 관찰할 때 주의할 점에 대해 설명하고 있습니다.

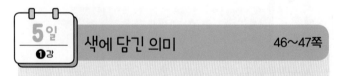

5일 ❶강 색에 담긴 의미 46~47쪽

⚡**어휘 문제 1**(1) 표시되어 (2) 위급한 **2**(1) 순수 (2) 희망

1 느낌, 의미 **2** (1) ② (2) ① **3** (1) '파란색'에 ○표
(2) '빨간색'에 ○표 **4** (3) ○

☑ **글의 구조 파악하기**
① 금지 ② 희망 ③ 순수(함)

어휘 문제

1 (1) 제품에 가격이 써 있는 상황이므로 '표시되어'가 어울리는 낱말입니다.

(2) 갑자기 아픈 상황은 위험하고 급한 상황이므로 '위급한'이 어울리는 낱말입니다.
2 (1) '전혀 다른 것의 섞임이 없이 깨끗함.'을 나타내는 낱말은 '순수'입니다.
(2) '어떤 일을 이루거나 하기를 바람.'을 나타내는 낱말은 '희망'입니다.

1 이 글은 빨간색, 파란색, 흰색을 예로 들어 색이 주는 느낌과 색에 담긴 의미를 설명하는 글입니다.
2 빨간색은 위험한 일이 일어날 가능성이 있는 상황, 파란색은 어떤 일이 잘되어 갈 가능성이 있는 상황을 나타낸다고 했습니다.
3 시원한 느낌이 나는 색은 파란색, 따뜻한 느낌이 나는 색은 빨간색입니다.
4 흰색은 깨끗한 느낌을 주는 색이므로 학교 급식실 영양사 선생님이 흰색 가운을 입으신 것입니다.

글의 구조 파악하기
이 글은 빨간색은 금지의 의미, 파란색은 희망의 의미, 흰색은 깨끗함과 순수의 의미로 쓰임을 설명하고 있습니다.

5일 ❷강 새로운 색을 만들어 봐요 48~49쪽

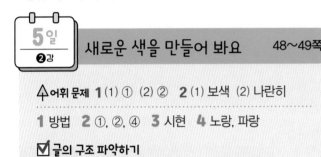

어휘 문제 1 (1) ① (2) ② 2 (1) 보색 (2) 나란히
1 방법 2 ①, ②, ④ 3 시현 4 노랑, 파랑
☑ **글의 구조 파악하기**
① 기본 ② 삼원색 ③ 색상환

어휘 문제
1 (1) '유사하다'는 '서로 비슷함.'을 뜻합니다.
(2) '배열하다'는 '일정한 차례나 간격에 따라 늘어놓음.'을 뜻합니다.
2 (1) '보색'은 '서로 반대되는 색.'을 뜻합니다.
(2) '나란히'는 '여럿이 줄지어 늘어선 모양이 가지런히.'를 뜻합니다.

1 이 글에서는 삼원색을 기본으로 여러 가지 색을 만드는 방법과 색의 관계에 대해 설명하고 있습니다.
2 색의 삼원색은 빨강, 파랑, 노랑입니다.
3 노랑의 유사색은 주황과 연두입니다.
4 파랑과 노랑을 섞었을 때 연두색이 되었다는 것은 노랑을 파랑보다 많이 섞었다는 뜻입니다.

글의 구조 파악하기
이 글에서는 색의 삼원색을 섞어 여러 가지 색을 만들 수 있음을

설명하고 있습니다. 또한 여러 색을 고리 모양으로 연결해 놓은 것인 10색상환에 대해 설명하고 있습니다.

2주 마무리 학습 50쪽

3주

1일 ❶강 우리나라의 민속놀이 52~53쪽

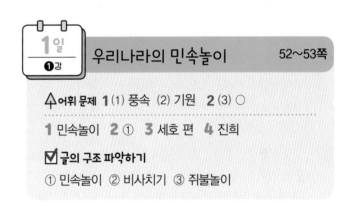

어휘 문제 1 (1) 풍속 (2) 기원 2 (3) ○
1 민속놀이 2 ① 3 세호 편 4 진희
☑ **글의 구조 파악하기**
① 민속놀이 ② 비사치기 ③ 쥐불놀이

어휘 문제
1 (1) '풍속'은 '사회에 속한 사람들에게 옛날부터 전해 오는 생활 습관.'을 뜻하는 낱말입니다.
(2) '기원'은 '바라는 일이 이루어지기를 빎.'을 뜻하는 낱말입니다.
2 (1)은 금메달, (2)는 금요일을 뜻하는 '금'입니다.

1 민속놀이는 옛날부터 우리 조상들이 즐겨한 놀이로, 각 지방의 풍속과 생활 모습이 잘 나타난 놀이입니다.
2 제기차기는 한 발 또는 양발로 제기를 땅에 떨어뜨리지 않고 누가 더 많이 차는지 겨루는 놀이입니다.
3 꼬리잡기는 각 편의 앞사람이 상대편의 맨 뒷사람을 잡으면 이기는 놀이입니다.
4 우리 조상들은 설날뿐 아니라 추석과 같은 다양한 명절에 민속놀이를 즐겼습니다.

이 글은 우리나라 민속놀이의 종류와 놀이 방법, 놀이에 담긴 의미를 알려 주는 글입니다.

1일 ❷강 강강술래와 소먹이놀이 54~55쪽

△어휘 문제 **1**(1) 남생이 (2) 멍석 **2**(1) 명절 (2) 맞잡고

1 (3) ○ **2** 원, 콩 **3** (1) ② (2) ① **4** (2) ○

☑ 글의 구조 파악하기
① 강강술래 ② 소먹이놀이

어휘 문제

1 '남생이'는 '거북과 비슷하게 생겼으나 거북보다 작으며, 등이 진한 갈색의 딱지로 되어 있는 동물.', '멍석'은 '짚으로 엮어 만든 큰 깔개.'를 뜻합니다.

2 (1) 설날과 추석은 우리나라의 대표적인 명절입니다.
(2) '맞잡고'는 '손을 마주 잡고.'를 뜻하는 낱말입니다.

1 이 글은 추석에 즐겼던 민속놀이 중에서 강강술래와 소먹이놀이를 하는 방법을 소개하고 있습니다.

2 강강술래는 사람들이 함께 손을 잡고 원을 그리며 빙빙 돌면서 노래를 부르는 놀이, 소먹이놀이는 소몰이꾼과 소 역할을 하는 사람이 돌아다니면서 배가 고프다고 말하고 콩을 받는 놀이입니다.

3 강강술래 중간중간에 한두 명씩 원 가운데로 들어가 춤을 추는 것이 남생이놀이이고, 마주 선 채로 손을 맞잡고 문을 만들어 그 밑으로 사람들이 들어가는 것이 문지기놀이입니다.

4 강강술래와 소먹이놀이는 추석에 하는 놀이로, 쉽고 간단하게 할 수 있습니다.

글의 구조 파악하기
이 글은 강강술래와 소먹이놀이의 특징과 하는 방법을 설명하는 글입니다.

2일 ❶강 조상들의 여름 나기 56~57쪽

△어휘 문제 **1**(1) ① (2) ② **2**(1) 대청마루 (2) 죽부인

1 ② **2** (2) ○ (3) ○ **3** (3) ○ **4** 바람
☑ 글의 구조 파악하기
① 마 ② 부채 ③ 모깃불

어휘 문제

1 (1) '해충'은 '사람에게 해를 끼치는 벌레.'를 뜻합니다.
(2) '모깃불'은 '모기를 쫓으려고 풀 등을 태워서 연기를 내는 불.'을 뜻합니다.

2 (1) 한옥에서 방과 방 사이에 있는 큰 마루를 '대청마루'라고 합니다.
(2) 죽부인은 더위를 식히기 위한 도구로 안고 있으면 시원합니다.

1 이 글에는 조상들이 더위를 피하기 위해 찾은 여러 가지 방법, 즉 '여름 나기'에 대한 내용이 나타나 있습니다.

2 선풍기와 에어컨은 조상들이 아니라 오늘날 사람들이 사용하는 여름철 도구입니다.

3 '등등거리'는 등나무로 만든 조끼입니다.

4 옷감으로 마나 모시를 이용하고, 소매를 넓게 만들었으며, 등토시와 등등거리를 이용한 것은 바람이 잘 통하게 하기 위한 것입니다.

글의 구조 파악하기
이 글은 조상들이 더운 여름을 시원하게 나기 위해 입은 옷이나 음식, 생활 도구 등을 설명하고 있습니다.

2일 ❷강 조상들의 겨울나기 58~59쪽

△어휘 문제 **1**(1) 촘촘하게 (2) 절여서
2(1) 유지 (2) 뽁뽁이

1 (2) ○ **2** ② **3** (1) ① (2) ③ (3) ② **4** (1) ○
☑ 글의 구조 파악하기
① 솜 ② 털 ③ 소금

어휘 문제

1 (1) '틈이나 간격이 매우 좁거나 작게.'를 뜻하는 낱말은 '촘촘하게'입니다.
(2) '재료에 소금, 식초, 설탕 등이 배어들게 하여서.'를 뜻하는 낱말은 '절여서'입니다.

2 (1) '유지'는 '어떤 상태나 상황 등을 변함없이 그대로 이어 나감.'을 뜻합니다.
(2) '뽁뽁이'는 '작은 공기주머니가 올록볼록하게 되어 있는 포장용 비닐.'을 뜻합니다.

1 이 글에서는 조상들이 추위를 피한 방법에 대해 설명하고 있습니다.

2 조상들이 겨울에 사용했던 물건은 화로, 온돌, 창호지, 털이나 솜을 넣은 옷 등입니다.

3 옛날의 화로는 지금의 전기 난로, 창문에 여러 겹 붙였던 창호지는 오늘날의 뽁뽁이, 솜을 넣은 옷은 오늘날의 오리털 점퍼와 관련 있습니다.

4 추운 겨울에 먹을 채소를 오랫동안 보관하고 저장하기 위해 배추나 무를 소금에 절여 김장을 했습니다.

글의 구조 파악하기

이 글은 조상들이 겨울을 나기 위해 입은 옷이나 음식, 생활 도구 등을 설명하는 글입니다.

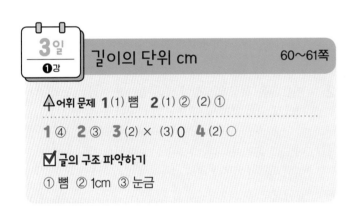

길이의 단위 cm 60~61쪽

⚠️어휘 문제 1 (1) 뼘 **2** (1) ② (2) ①

1 ④ **2** ③ **3** (2) × (3) ○ **4** (2) ○

☑️글의 구조 파악하기

① 뼘 ② 1cm ③ 눈금

어휘 문제

1 '뼘'은 '손가락을 힘껏 벌렸을 때 엄지손가락에서부터 새끼손가락까지의 거리.'를 뜻합니다.

2 (1) '임의로'는 '일정한 기준이나 원칙 없이 하고 싶은 대로.'라는 뜻입니다.

(2) '어림한'은 '짐작하여 대강 생각한.'이라는 뜻입니다.

1 이 글은 길이의 단위인 cm에 대해 설명하고 있습니다.

2 엄마께서 윤아에게 만들어 준 옷이 너무 컸던 까닭은 엄마와 언니의 뼘의 길이가 달랐기 때문입니다.

3 자로 길이를 잴 때에는 물건의 한쪽 끝을 눈금 '0'에 맞추어야 합니다.

4 일상생활 속에서 약 1cm가 되는 물건들은 단추, 엄지손톱 가로 길이 등이 있습니다.

글의 구조 파악하기

이 글은 표준 단위인 1cm가 만들어진 필요성과 자를 사용하여 물건의 길이를 재는 방법을 설명하는 글입니다.

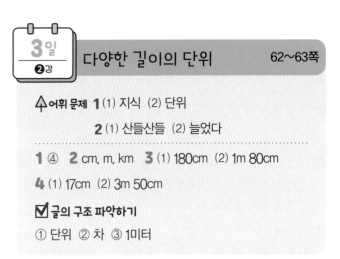

다양한 길이의 단위 62~63쪽

⚠️어휘 문제 1 (1) 지식 (2) 단위

2 (1) 산들산들 (2) 늘었다

1 ④ **2** cm, m, km **3** (1) 180cm (2) 1m 80cm

4 (1) 17cm (2) 3m 50cm

☑️글의 구조 파악하기

① 단위 ② 차 ③ 1미터

어휘 문제

1 (1) '지식'은 '무엇에 대해 배우거나 직접 경험하여 알게 된 내용.'을 뜻합니다.

(2) '단위'는 '길이, 무게 등을 수로 나타낼 때 기초가 되는 기준.'을 뜻합니다.

2 (1) '바람이 시원하고 부드럽게 자꾸 부는 모양.'을 뜻하는 낱말은 '산들산들'입니다.

(2) '재주나 능력이 나아졌다.'를 뜻하는 낱말은 '늘었다'입니다.

1 준영이와 아버지는 cm, m, km 등 길이의 단위에 대해서 대화하고 있습니다.

2 작은 길이의 단위부터 cm, m, km의 순서대로 쓸 수 있습니다.

3 1m는 100cm이므로, 180cm는 1m 80cm로 쓸 수 있습니다.

4 필통과 전봇대의 모습을 떠올려 길이를 어림해 봅니다.

글의 구조 파악하기

이 글은 미터와 센티미터의 관계, 길이의 차를 구하는 방법에 대해서 쓴 글입니다.

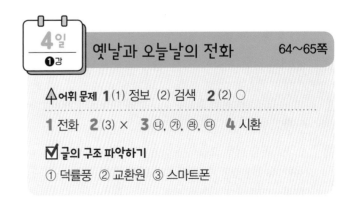

옛날과 오늘날의 전화 64~65쪽

⚠️어휘 문제 1 (1) 정보 (2) 검색 **2** (2) ○

1 전화 **2** (3) × **3** ④, ㉮, ㉣, ㉡ **4** 시환

☑️글의 구조 파악하기

① 덕률풍 ② 교환원 ③ 스마트폰

어휘 문제

1 (1) '정보'는 '어떤 사실이나 현상을 관찰하거나 측정하여 모은 자료를 정리한 지식.'을 뜻합니다.

(2) '검색'은 '책이나 컴퓨터에서 필요한 자료를 찾아 내는 것.'을 뜻합니다.

2 (2)의 '소식'은 '음식을 적게 먹음.'이라는 뜻입니다.

1 이 글은 통신 수단 가운데 '전화'에 대해 설명하는 글입니다.

2 1896년에 처음 덕수궁에 설치되었던 전화기는 점점 기술이 발전하면서 유선 전화에서 무선 전화로, 또 스마트폰으로 발전해 갔습니다.

3 전화기는 '전어기(덕률풍) → 유선 전화 → 무선 전화 → 휴대 전화'의 순으로 발달했습니다.

4 옛날에는 교환원이 있어야 전화 연결을 할 수 있었지만 오늘날 교환원은 사라진 직업이 되었습니다.

글의 구조 파악하기
이 글은 전화기가 어떤 순서로 발달되었는지 시간 흐름에 따라 설명한 글입니다.

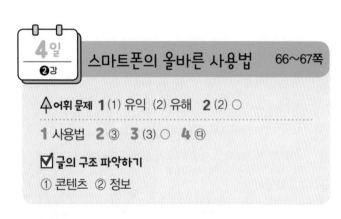

4일 ❷강 스마트폰의 올바른 사용법 66~67쪽

⚑어휘 문제 1 (1) 유익 (2) 유해 **2** (2) ○

1 사용법 **2** ③ **3** (3) ○ **4** ㉺

☑글의 구조 파악하기
① 콘텐츠 ② 정보

어휘 문제

1 (1) '유익'은 '이롭거나 도움이 될 만한 것이 있음.'이라는 뜻입니다.
(2) '유해'는 '해로움이 있음.'이라는 뜻입니다.

2 (1)의 '무리'는 '여럿이 모인 모습.'을 뜻하는 낱말입니다.

1 이 글은 스마트폰의 올바른 사용법에 대해 설명하고 있습니다.

2 스마트폰을 너무 오래 사용하면 건강을 해칠 수 있고, 유해한 정보를 접할 수도 있습니다. 또 개인 정보가 유출될 위험도 있습니다.

3 스마트폰을 사용할 때는 적절한 시간 관리가 아주 중요합니다. 또 스마트폰으로 댓글을 작성할 때는 다른 사람을 헐뜯는 댓글보다는 좋은 내용의 댓글을 다는 것이 좋습니다.

4 그림에서 남자아이는 길을 건너면서도 스마트폰을 보느라 차가 오는 것을 모르는 위험한 상황입니다. 길을 가면서 스마트폰을 사용하면 위험합니다.

글의 구조 파악하기
이 글은 올바른 스마트폰 사용 방법을 알려 주고 있습니다.

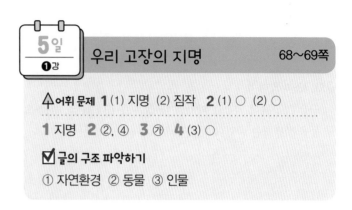

5일 ❶강 우리 고장의 지명 68~69쪽

⚑어휘 문제 1 (1) 지명 (2) 짐작 **2** (1) ○ (2) ○

1 지명 **2** ②, ④ **3** ㉮ **4** (3) ○

☑글의 구조 파악하기
① 자연환경 ② 동물 ③ 인물

어휘 문제

1 (1) '지명'은 '어떤 마을이나 장소의 이름.'이라는 뜻입니다.
(2) '짐작'은 '사정이나 형편 등을 어림잡아 헤아림.'이라는 뜻입니다.

2 '이름난'은 '세상에 명성이 널리 알려진.'이라는 뜻입니다. 따라서 '널리 알려진', '유명한'과 바꾸어 쓸 수 있습니다.

1 이 글은 우리가 사는 마을이나 그 주변의 산이나 강에 붙여진 이름인 지명에 대해 설명하고 있습니다.

2 복사골은 옛날 그 마을에 복숭아 나무가 많았다는 뜻이 있는 지명이고, 두물머리는 남한강과 북한강이 합쳐진다는 뜻이 있는 지명입니다.

3 '용두암'은 '용의 머리를 닮은 바위.'입니다.

4 '춘향로'는 그 고장에서 유명한 인물과 관련 있는 지명입니다.

글의 구조 파악하기
이 글에서는 고장의 지명이 자연환경의 모습과 동물의 모습, 유명한 인물과 관련되어 붙여졌다는 것을 알려 주고 있습니다.

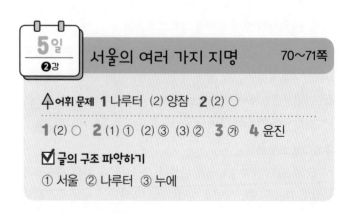

5일 ❷강 서울의 여러 가지 지명 70~71쪽

⚑어휘 문제 1 나루터 (2) 양잠 **2** (2) ○

1 (2) ○ **2** (1) ① (2) ③ (3) ② **3** ㉮ **4** 윤진

☑글의 구조 파악하기
① 서울 ② 나루터 ③ 누에

어휘 문제

1　(1) '나루터'는 '배가 출발하고 도착하는 자리와 그 주변 공간.'을 뜻하는 낱말입니다.

(2) '양잠'은 '누에를 기르는 일.'을 뜻하는 낱말입니다.

2　'장려하다'는 '좋은 일을 하도록 권하거나 북돋아 주다.'라는 뜻이 있습니다. 그러므로 바꿔 쓰기에 가장 알맞은 낱말은 '권했다'입니다.

1　이 글은 서울에 있는 여러 지역의 이름이 생긴 까닭을 설명하고 있습니다.

2　마포는 과거에 나루터가 있던 곳, 잠실은 누에를 기르던 곳, 묵동은 먹을 만들던 곳이었습니다.

3　마장동은 양마장이 있던 곳입니다.

4　이 글 첫부분에 강이나 바다가 위치한 지역에 '포'나 '진'이 들어간 지명이 많다고 나와 있습니다.

글의 구조 파악하기

이 글에서는 마포, 잠실, 마장동, 묵동 등 서울 여러 지역의 지명이 어떻게 생겨났는지 알려 주고 있습니다.

3주 마무리 학습

72쪽

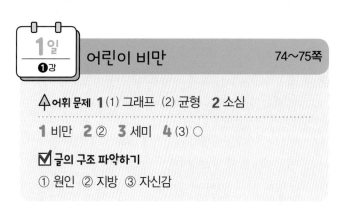
1일 ❶강　어린이 비만

74~75쪽

⚡️**어휘 문제 1**(1) 그래프　(2) 균형　**2** 소심

1 비만　**2** ②　**3** 세미　**4** (3) ○

☑️ **글의 구조 파악하기**

① 원인　② 지방　③ 자신감

어휘 문제

1　(1) '여러 가지 자료를 분석하여 그 변화를 한눈에 알아볼 수 있도록 나타내는 직선이나 곡선.'을 뜻하는 낱말은 '그래프'입니다.

(2) '어느 한쪽으로 기울거나 치우치지 않은 상태.'를 뜻하는 낱말은 '균형' 입니다.

2　'소심하다'는 '겁이 많아 용감하지 못하고 지나치게 조심스럽다.'라는 뜻입니다.

1　이 글은 비만의 뜻과 원인, 비만으로 생기는 문제점에 대해 설명하고 있습니다.

2　비만은 몸을 구성하는 성분 중에서 지방이 지나치게 많은 경우를 말합니다. 그래프를 보면 아동·청소년의 비만율은 늘어나고 있습니다.

3　끼니를 거르지 않고, 달고 기름진 간식보다는 과일이나 삶은 고구마를 간식으로 먹는 세미가 건강한 식습관을 가지고 있습니다.

4　그래프는 글의 내용을 한눈에 보기 쉽고 이해하기 쉽게 전달하기 위해 보여 줍니다.

글의 구조 파악하기

이 글은 비만의 뜻과 원인, 비만의 문제점을 설명하는 글입니다.

1일 ❷강　비만을 예방해요

76~77쪽

⚡️**어휘 문제 1**(1) ①　(2) ②　**2** 섭취

1 (2) ○　**2** ⑤　**3** 지현　**4** ㉓

☑️ **글의 구조 파악하기**

① 음식　② 운동　③ 잠

어휘 문제

1 (1) '예방'은 '병이나 사고 등이 생기지 않도록 미리 막음.'을 뜻하는 낱말입니다.

(2) '일석이조'는 '돌 한 개를 던져 새 두 마리를 잡는다는 뜻으로, 동시에 두 가지 이익을 얻음.'을 뜻하는 낱말입니다.

2 '섭취하다'는 '생물체가 영양분 등을 몸속으로 받아들이다.'라는 뜻입니다.

---

1 이 글은 비만을 예방하는 방법에 대해 설명하고 있으므로 '비만 예방법'이 알맞습니다.

2 이 글에서는 건강한 식습관을 강조하고 있는데, 여러 가지 음식을 천천히 씹어 먹는 습관이 건강에 좋다고 말하고 있습니다.

3 인범이는 수영장에 가야 운동할 수 있어서 쉽게 실천하기 어렵고, 소라처럼 운동을 한꺼번에 하는 것보다는 매일 꾸준히 하는 것이 건강에 더 좋습니다.

4 '일석이조'는 동시에 두 가지 이득을 보는 것을 말합니다. 따라서 시험을 잘 봐서 칭찬과 용돈까지 받은 것은 일석이조의 상황과 어울립니다.

글의 구조 파악하기

이 글은 비만을 예방하는 세 가지 방법을 설명하고 있습니다.

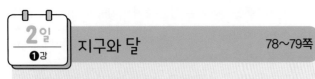

2일 ❶강 지구와 달   78~79쪽

⚠️**어휘 문제 1** (1) 편평해야 (2) 충돌 **2** (1) 행성 (2) 표면

1 지구, 달 **2** ⑤ **3** ①, ② **4** 연주

☑️**글의 구조 파악하기**
① 표면 ② 돌 ③ 공기

어휘 문제

1 (1) 물건이 쓰러지지 않으려면 바닥이 '편평해야' 합니다.
(2) 길 한가운데에서 자동차 두 대가 서로 맞부딪친 것이므로 '충돌'이 알맞습니다.

2 (1) '행성'은 '중심 별이 강하게 끌어당기는 힘 때문에 타원형의 궤도를 그리며 중심 별의 주위를 도는 천체.'를 뜻합니다.
(2) '표면'은 '사물의 가장 바깥쪽 또는 가장 윗부분.'을 뜻합니다.

---

1 이 글은 지구와 달의 공통점과 차이점에 대해 설명하는 글입니다.

2 지구는 둥근 공 모양입니다. 또한 공기가 있어서 낮과 밤의 기온 차가 크지 않고, 공기와 물이 있어서 생명체가 살 수 있습니다. 그리고 산, 바다, 사막 등 표면의 모습이 다양합니다.

3 지구에 생명체가 살 수 있는 까닭은 물과 공기가 있기 때문입니다.

4 충돌 구덩이의 모습을 나타낸 사진으로, 이것은 우주를 떠다니는 작은 돌덩이들이 달에 충돌하여 생긴 것입니다. 작은 돌덩이들은 달의 표면에 무수히 많이 충돌하면서 흔적을 남기는데, 이것이 바로 달의 표면에 볼록한 구덩이인 크레이터로 나타나게 됩니다.

글의 구조 파악하기

이 글은 지구와 달의 공통점과 차이점을 설명하는 글입니다.

2일 ❷강 우주인과 우주 정거장   80~81쪽

⚠️**어휘 문제 1** (1) ② (2) ① **2** (1) 착륙 (2) 공유

1 (2) ○ **2** (3) ○ **3** ③ **4** 용희

☑️**글의 구조 파악하기**
① 우주 정거장 ② 우주선 ③ 달

어휘 문제

1 (1) 우주인은 우주 비행사입니다.
(2) 우주 정거장은 우주인들이 머무는 집과 같은 곳입니다.

2 (1) '착륙'은 '비행기가 공중에서 판판한 곳에 내림.'이라는 뜻입니다.
(2) '공유'는 '두 사람 이상이 어떤 것을 함께 가지고 있음.'이라는 뜻입니다.

---

1 이 글은 우주인이 하는 일과 우주 정거장에 대해 설명하고 있습니다.

2 우주인은 특별한 훈련을 받고 우주로 나가 우주에서 생활하는 사람입니다.

3 우주 정거장에서는 주로 과학 실험, 지구 및 우주 관찰, 연구 내용을 지구로 보내는 등 다양한 활동을 하지만, 우주복을 직접 만들지는 않습니다.

4 이 글에는 우주 쓰레기나 공군이 받는 훈련에 대한 내용은 나오지 않습니다. 따라서 더 알아보고 싶은 내용으로 알맞지 않습니다.

글의 구조 파악하기

이 글은 우주인과 우주 정거장에 대해 자세히 설명하고 있습니다.

발효 음식을 알아봐요   82~83쪽

82~83쪽

어휘 문제 1 (1) 이로운 (2) 해로운 **2** (1) 면역력 (2) 풍미

1 발효 음식 **2** (1) ③ (2) ① (3) ② **3** ①, ⑤

4 (3) ○

☑ 글의 구조 파악하기
① 미생물 ② 막걸리 ③ 이탈리아

어휘 문제

1 (1) '이로운'은 '이익이 있는.'이라는 뜻입니다.
(2) '해로운'은 '해가 되는 점이 있는.'이라는 뜻입니다.

2 (1) '면역력'은 '몸 밖에서 들어온 병균을 이겨 내는 힘.'이라는 뜻입니다.
(2) '풍미'는 '음식의 고급스러운 맛.'이라는 뜻입니다.

1 이 글에서는 발효 음식의 종류와 좋은 점에 대해 설명하고 있습니다.

2 청국장은 콩, 젓갈은 어패류, 와인은 포도로 만듭니다.

3 유산균은 우리 몸의 면역력을 높여 주고 소화를 돕는 등 우리 몸에 여러 가지 긍정적인 영향을 줍니다.

4 오이 피클은 이로운 미생물이 작용하여 발효되어 만들어졌고, 상한 오이는 해로운 미생물이 작용하여 썩었습니다.

글의 구조 파악하기

이 글에서는 발효의 뜻과 우리나라와 다른 나라에는 어떤 발효 음식이 있는지 자세히 설명하고 있습니다.

된장을 만들어요   84~85쪽

84~85쪽

어휘 문제 1 (1) 미네랄 (2) 숙성 **2** (2) ○

1 (1) ○ **2** ㉮, ㉱, ㉯, ㉲, ㉰ **3** (3) ○ **4** (1) ○

☑ 글의 구조 파악하기
① 소화 ② 빻는다 ③ 항아리

어휘 문제

1 (1) '미네랄'은 '생물이 살아가는 데 필요한 광물성의 물질.'이라는 뜻입니다.
(2) '숙성'은 '효소나 미생물의 작용에 의하여 발효되어 잘 익음.'이라는 뜻입니다.

2 (1)의 '불리다'는 '이름이나 명단이 소리 내어 읽히며 대상이 확인되다.'라는 뜻입니다. '물에 젖게 해서 부피를 커지

게 하다.'라는 뜻의 낱말은 (2)가 알맞습니다.

1 이 글에서 설명하는 내용은 '된장을 만드는 방법'입니다.

2 된장을 만드는 차례는 다음과 같습니다.

> ㉮ 콩을 불린다. → ㉱ 콩을 삶는다. → ㉯ 콩을 빻는다. → ㉲ 메주를 만든다. → ㉰ 항아리에 메주와 소금물을 넣어 숙성시킨다.

3 '사각형 형태의 메주', '짚으로 감싸서'라는 부분을 보고 메주의 모습을 떠올릴 수 있습니다.

4 된장을 먹으면 소화에 도움이 되기 때문입니다.

글의 구조 파악하기

이 글은 된장의 효능과 된장을 만드는 과정을 차례대로 쓴 글입니다.

서로 돕고 사는 생물을 알아봐요   86~87쪽

86~87쪽

어휘 문제 1 집게 **2** (3) ○

1 공생 **2** ④ **3** (2) ○ **4** ㉯

☑ 글의 구조 파악하기
① 공생 ② 말미잘 ③ 따개비

어휘 문제

1 껍데기에 몸을 숨기고 사는 동물을 통틀어서 '집게'라고 합니다.

2 '긴밀한'은 '서로의 관계가 매우 가까워 빈틈이 없는.'이라는 뜻입니다. 따라서 '긴밀한'과 바꿔 쓸 수 있는 낱말은 '가까운'입니다.

1 이 글에서 설명하고 있는 주제는 공생입니다.

2 독을 쏘는 것은 말미잘입니다. 집게는 말미잘이 먹이를 잡을 수 있게 이동시켜 주고, 말미잘 덕분에 다른 물고기들로부터 안전하게 보호받습니다.

3 (1), (3), (4)는 서로 도움을 주고받는 관계의 동물인데, (2)에서 따개비는 고래에게 도움을 받지만, 고래는 따개비에게 이익도 해도 받지 않습니다.

4 개미와 진딧물의 관계는 서로 돕고 사는 공생 관계입니다. 따라서 이와 비슷한 경우는 엄마는 나에게 맛있는 요리를 해 주시고 나는 엄마에게 안마를 해 드리는 경우입니다.

글의 구조 파악하기

이 글에서는 먼저 공생의 뜻을 알려 주고 서로 다른 종류의 생물끼리 서로 이익을 주고받는 경우, 그리고 한쪽은 이익을 받지만 다른 쪽은 이익도 해도 없는 경우를 구분해서 설명하고 있습니다.

멸종 위기종을 알아봐요   88~89쪽

↔어휘 문제 1(1) 포획 (2) 멸종 **2** (3) ○

1 멸종 위기종 **2** ④ **3** (1) ③ (2) ① (3) ② **4** 민서

☑ **글의 구조 파악하기**

① 도도새 ② 지구 온난화 ③ 북극곰

어휘 문제

1 (1) '포획'은 '짐승이나 물고기를 잡음.'이라는 뜻입니다.
  (2) '멸종'은 '생물의 한 종류가 지구에서 완전히 없어짐.'
  이라는 뜻입니다.

2 '제재'는 '일정한 규칙을 어기는 것을 제한하거나 금지함.'
  이라는 뜻입니다. 따라서 '제재'와 바꿔 쓸 수 있는 낱말은
  '금지'입니다.

1 이 글은 멸종 위기종에 대해 설명하는 글입니다.

2 도도새는 모리셔스 섬에 살았던 날지 못하는 새였는데 사
  람들이 마구잡이로 잡아서 이제는 멸종되어 다시는 볼 수
  없는 새입니다.

3 사막거북은 사막에 비가 안 와서, 검은코뿔소는 가뭄으로
  웅덩이가 말라서, 북극곰은 지구 온난화로 빙하가 녹아서
  멸종 위기에 놓여 있습니다.

4 코끼리의 상아를 얻기 위해서는 코끼리를 사냥해야 합니
  다. 멸종 위기종을 보호하기 위해서는 온실가스를 줄여 지
  구 온난화를 막아야 합니다.

글의 구조 파악하기

이 글은 멸종 위기종의 뜻과 종류, 멸종 위기종을 보호하기 위한
방법에 대해 알려 주고 있습니다.

하품과 재채기는 왜 나오나요?   90~91쪽

↔어휘 문제 1(1) 자극 (2) 이물질 **2** (3) ○

1 하품, 재채기 **2** ③ **3** ㉰ **4** (2) ○

☑ **글의 구조 파악하기**

① 산소 ② 이물질

어휘 문제

1 (1) '자극'은 '사람의 기관 등에 작용하여 반응을 일으키게
    함.'이라는 뜻입니다.
  (2) '이물질'은 '순수하지 않거나 정상적이 아닌 다른 물질.'
    이라는 뜻입니다.

2 '민감한'은 '자극에 빠르게 반응을 보이거나 쉽게 영향을
  받는.'의 뜻으로 '예민한'과 바꿔 쓸 수 있습니다.

1 이 글은 하품과 재채기가 나오는 까닭에 대해서 설명하고
  있습니다.

2 하품은 몸 안에 산소가 부족할 때 뇌가 신호를 보내서 나
  오는 것입니다.

3 우리가 재채기를 하는 까닭은 몸에 이물질이 들어왔을 때
  이것을 내보내기 위한 것입니다.

4 우리 몸이 하품이나 재채기를 하는 것은 우리 몸을 안전하
  게 보호하기 위해서입니다.

글의 구조 파악하기

이 글에서는 하품과 재채기가 왜 나오고 우리 몸에 어떤 도움을
주는지 알려 주고 있습니다.

똥과 방귀는 왜 나오나요?   92~93쪽

↔어휘 문제 1(1) 흡수 (2) 배설 **2** (1) ○

1 (1) ○ **2** ② **3** (2) × **4** 지민

☑ **글의 구조 파악하기**

① 흡수 ② 찌꺼기 ③ 가스

어휘 문제

1 (1) '흡수'는 '안이나 속으로 빨아들임.'이라는 뜻입니다.
  (2) '배설'은 '생물체가 영양소를 섭취한 후 생긴 노폐물을
    몸 밖으로 내보냄.'이라는 뜻입니다.

2 (2)의 '소화'는 '불을 끔.'이라는 뜻입니다.

1 이 글은 똥과 방귀가 나오는 까닭에 대해서 설명하고 있습
  니다.

2 '똥'은 음식물을 먹고 남은 찌꺼기가 항문을 통해 몸 밖으
  로 나오는 것입니다.

3 동물도 방귀를 뀝니다. 육식 동물은 초식 동물보다 방귀를
  적게 뀌지만 냄새가 더 독하고, 초식 동물은 냄새가 독하
  지는 않지만 방귀를 더 많이 뀝니다.

4 제시된 물건은 코끼리 똥으로 만든 재활용 종이입니다.

글의 구조 파악하기

이 글에서는 똥과 방귀가 왜 나오고 우리 몸에 어떤 도움을 주는
지 알려 주고 있습니다.

 **마무리 학습**   94쪽

1. 비만 2. 우주인 3. 된장 4. 멸종 5. 하품

4주 완성 독해력

정답과 해설

초등학생을 위한 창작 동화
EBS 꿈틀동화 시리즈

말총 말고 말사탕

**게임이 제일 좋은 아이들,
모두가 좋아하는 놀이터를 만들 거야!**

가상 놀이터 '주피터'는 아이들의 천국이다.
달이, 환이, 규동이는 틈만 나면 이곳에서 게임을 한다.
가상 세계에도 규칙이 필요하다는 걸 깨닫고
이들은 새로운 게임 놀이터를 만들기로 하는데,

**그곳은 바로 '말총' 말고
'말사탕'만 있는 놀이터!**

글 윤해연 | 그림 이갑규 | 값 12,000원

★ 2022 한국문화예술위원회 아르코문학창작기금 수상

나나랜드

**나를 기억해 주는 친구가
단 한명만 있어도 살아갈 의미가 있다!**

내 주변에 있는 사람이 며칠째 보이지 않는다면
그중 누군가는 나나랜드에 있을 수 있다.
그들을 찾기 위해 명탐정 미도가 나타났다!
가상 공간 나나랜드 속으로 사라진 친구
요한이를 찾아 떠나는 미도의 특별한 여행!

**끝도 없는 상상력에 빠져드는
한 편의 영화 같은 SF 판타지 동화!**

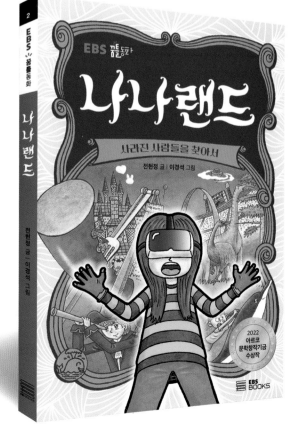

글 전현정 | 그림 이경석 | 값 13,000원

EBS와 함께하는 자기주도 학습 초등·중학 교재 로드맵

		예비 초등	1학년	2학년	3학년	4학년	5학년	6학년
전과목 기본서/평가			BEST **만점왕** 국어/수학/사회/과학 교과서 중심 초등 기본서			**만점왕 통합본** 학기별(8책) HOT 바쁜 초등학생을 위한 국어·사회·과학 압축본		
				만점왕 단원평가 학기별(8책) 한 권으로 학교 단원평가 대비				
			기초학력 진단평가 초2~중2 초2부터 중2까지 기초학력 진단평가 대비					
국어	독해		**4주 완성 독해력** 1~6단계 학년별 교과 연계 단기 독해 학습					
	문학							
	문법							
	어휘		**어휘가 독해다!** 초등 국어 어휘 1~2단계 1, 2학년 교과서 필수 낱말 + 읽기 학습		**어휘가 독해다!** 초등 국어 어휘 기본 3, 4학년 교과서 필수 낱말 + 읽기 학습		**어휘가 독해다!** 초등 국어 어 5, 6학년 교과서 필수 낱말 + 읽기 학습	
	한자	**참 쉬운 급수 한자** 8급/7급 II/7급 한자능력검정시험 대비 급수별 학습	**어휘가 독해다!** 초등 한자 어휘 1~4단계 하루 1개 한자 학습을 통한 어휘 + 독해 학습					
	쓰기	**참 쉬운 글쓰기** 1 - 따라 쓰는 글쓰기 맞춤법·받아쓰기로 시작하는 기초 글쓰기 연습		**참 쉬운 글쓰기** 2-문법에 맞는 글쓰기/3-목적에 맞는 글쓰기 초등학생에게 꼭 필요한 기초 글쓰기 연습				
	문해력		**어휘/쓰기/ERI독해/배경지식/디지털독해가 문해력이다** 평생을 살아가는 힘, 문해력을 키우는 학기별·단계별 종합 학습				**문해력 등급 평가** 초1~중1 내 문해력 수준을 확인하는 등급 평가	
영어	독해	**EBS ELT 시리즈** | 권장 학년 : 유아 ~ 중1			**EBS랑 홈스쿨 초등 영독해** Level 1~3 다양한 부가 자료가 있는 단계별 영독해 학습			
		EBS Big Cat Collins BIG CAT 다양한 스토리를 통한 영어 리딩 실력 향상			**EBS 기초 영독해** 중학 영어 내신 만점을 위한 첫 영독해			
	문법	EBS Big Cat Shinoy and the Chaos Crew 흥미롭고 몰입감 있는 스토리를 통한 풍부한 영어 독서			**EBS랑 홈스쿨 초등 영문법** 1~2 다양한 부가 자료가 있는 단계별 영문법 학습			
							EBS 기초 영문법 중학 영어 내신 만점을 위한 첫	
	어휘	EBS easy learning easy learning 저연령 학습자를 위한 기초 영어 프로그램			**EBS랑 홈스쿨 초등 필수 영단어** Level 1~2 다양한 부가 자료가 있는 단계별 영단어 테마 연상 종합 학습			
	쓰기							
	듣기				**초등 영어듣기평가 완벽대비** 학기별(8책) 듣기 + 받아쓰기 + 말하기 All in One 학습서			
수학	연산	**만점왕 연산** Pre 1~2단계, 1~12단계 과학적 연산 방법을 통한 계산력 훈련						
	개념							
	응용		**만점왕 수학 플러스** 학기별(12책) 교과서 중심 기본 + 응용 문제					
	심화					**만점왕 수학 고난도** 학기별(6책) 상위권 학생을 위한 초등 고난도 문제집		
	특화	**초등 수해력** 영역별 P단계, 1~6단계(14책) 다음 학년 수학이 쉬워지는 영역별 초등 수학 특화 학습서						
사회	사회 역사				**초등학생을 위한 多담은 한국사 연표** 연표로 흐름을 잡는 한국사 학습			
					매일 쉬운 스토리 한국사 1~2/**스토리 한국사** 1~2 하루 한 주제를 이야기로 배우는 한국사/ 고학년 사회 학습 입문서			
과학	과학							
기타	창체		**창의체험 탐구생활** 1~12권 창의력을 키우는 창의체험활동·탐구					
	AI		**쉽게 배우는 초등 AI** 1(1~2학년) 초등 교과와 융합한 초등 1~2학년 인공지능 입문서		**쉽게 배우는 초등 AI** 2(3~4학년) 초등 교과와 융합한 초등 3~4학년 인공지능 입문서		**쉽게 배우는 초등 AI** 3(5~6 초등 교과와 융합한 초등 5~6학년 인공지능	